Morality: An Introduction to Ethics

Bernard Williams

道德：伦理学导论

[英] 伯纳德·威廉斯 著 魏犇群 译

上海文艺出版社

献给我的父母

目 录

坎托版前言 / i

前　言 / ix

第一章　无道德者 / 001

第二章　主观主义：初步的想法 / 017

第三章　插曲：相对主义 / 029

第四章　主观主义：进一步的想法 / 039

第五章　"好" / 057

第六章　善好与角色 / 073

第七章　道德标准与人之为人的标志 / 085

第八章　上帝、道德与审慎 / 099

第九章　道德关心什么？ / 115

第十章　功利主义 / 129

坎托版前言

这本书原本打算成为更大的一本书的一部分,那本书计划收录多篇中篇小说长度的文章,由不同的作者撰写,共同构成一部内容充实的哲学导论。当那本大书的编辑亚瑟·丹托(Arthur Danto)邀请我撰写道德哲学的章节时,他很清楚地说,虽然鼓励我们用写作导论的方式去写,但并不要求我们仅仅写成一个综述,而是要我们探讨每个人觉得最有意思或者最富成果的领域和问题。出版商最终决定不出那本大书了(鉴于出版商的身份,我们中的有些人不免称那本书为"时尚芭莎"[1]),而是将每一章节分开独立出版。

在那些分开出版的书中,至少有一本(即理

---

[1] 本书的第一版由美国的 Harper & Row 出版公司出版,该公司由 Harper & Brothers 和 Row, Peterson & Company 在 1962 年合并而成,而 Harper & Brothers 正是著名时尚杂志《时尚芭莎》的出版商。——译者注

查德·沃尔海姆 [Richard Wollheim] 的《艺术及其对象》[Art and Its Objects]）在其后得到扩充，在后来的版本中增添了新的章节。而我的这本书则保持了它原来的样子。主要原因是，对于这本书所涉及的一些话题，后来我都有另外的专书和论文讨论，而我不觉得把后来作品中的内容（很可能是令人误解地）强塞进这本书有什么意义。对于本书中的一个话题，即功利主义，尤其不合适，因为在我后来所写的关于功利主义的作品里，正是考虑到这本书已有的内容，我才尝试发展出了相当不同的观点。在我看来，相比我在其他地方所写的，这本书里的相关章节也许更为紧凑地概括了功利主义构想的核心问题。

出于非常相似的理由，我也没有尝试提供最新的参考文献目录。例如，最近关于主观主义的文献明显发生了变化，所探讨的问题已经明显超出了我在本书中对主观主义的处理。但是，如果为了解释这一点而介绍新的文献，就需要做进一步实质性的哲学讨论。事实上，本书根本没有参考文献，连过时的参考文献都没有，而只有对我认为有帮助的少量作品的引用，可能还是非常个人化的引用。

至少就一个方面来说,本书似乎已经过时了。因为它在开篇所抱怨的那种状况已不复存在,即道德哲学聚焦于关于道德判断的本质、道德知识的可能性等元伦理学问题,而忽略了一阶的伦理问题。如今,道德哲学仍然在讨论元伦理学问题,这固然没错,但如果说它根本不提一阶问题,那肯定是不对的。相反,诸如堕胎、女权运动以及饥荒这样的议题目前是道德哲学课程和教材中标准的讨论内容。其中一些讨论假定借助伦理理论我们的伦理思想会变得更加合理,但我必须坦承,在我看来,这些讨论就像我在这本书里所批评的根本不讨论一阶问题的道德哲学一样,远离真实经验。就此而言,这两种不同时代的道德哲学的精神是一致的,而这令人感到不安。当然,我对后者的批评与对前者的有所不同。[1]

---

[1] 在《伦理学与哲学的限度》(*Ethics and the Limits of Philosophy*, London: Collins, and Harvard University Press, 1985)一书中,我阐述了对后者的批评,也就是对于伦理理论的所谓巨大功效的批评。在那本书里,我也讨论了"道德系统"(morality system)的一些特质,这一点我在下面还会提及。

我对于以上两种道德哲学的批评会在某些地方贯通起来。在更为晚近的一些作品里，我批判了不仅是道德哲学而且是更为一般的伦理反思所经常蕴含的一个预设，即我们对于什么可以算作"道德"考虑和"道德"情感已经足够清楚，而道德哲学所必须探究的正是这一类大体被视为一个整体的诸多考虑的基础和地位。而我想要问一个在先的问题："道德"与"非道德"之间的区分能够为我们做什么？我曾提出，只有在与人类所使用的其他行动理由相联系，并且更为一般地与他们的欲望、需求以及人生计划相联系时，道德这类考虑才有意义。

以上这些忧虑在眼下的这本书里也许并没有全部表达出来，尤其是这本书没有论及近来我发现很有用的一个措辞上的区分，即在更广泛的"伦理"观念与更狭窄的可被称为"道德"系统的诸多关切（这些关切尤其聚焦于与义务相关的诸多观念）之间的区分。其他人可能并不觉得这个术语上的区分有什么用，但既然我已经提出了它，也许我便有必要指出，这本书，尤其是其标题以及副标题中对["伦理""道德"]这些词语的使用并没有遵循这个区分。当然，在我目前所使用的有所限制的意义上讨论道德，从而介绍伦理学，这是可能的（虽然我不认为这是伦理学入门的最佳方式）。但这并不是本书所采取的方式。相反，本书很多时候是通过讨论伦理学而引入道德的诸多局限和问题的。

事实上，道德与其他的伦理考虑或者人生的其他部分（比如幸福）之间的关系，以及道德在其中的位置，是本书的一个主题，虽然这一点并没有用这些词汇表达出来。由于它确实包含了这一主题，这本书具有一个在我写作它时并没有意识到的特质，而这一点是一个在教学中用到这本书的古典学家向我指出的。这个特质便是，本书由之而展开的关切更能代表古代世界及其哲学，而不是现代。在最近的一本书里[1]，我尝试更具反思性地，也更为广泛地发展了这种对于古代世界（而不只是古代哲学中的）伦理观念的兴趣，及其与我们当下处境之关系

---

1 《羞耻与必然性》(*Shame and Necessity*, California University Press, 1993)。

的意义。

在本书正文开始之前,我讨论了寻找道德哲学的写作风格的问题。我仍然认为,这些问题是真实存在的,并且相较于哲学的其他多数分支,道德哲学在更大的程度上牵涉了这样的问题。我现在不想接受的是本书的讨论所隐含的一个看法,即对于这个问题可能有一个普遍的解决办法,并且一旦我们找到了它,我们就知道如何写作道德哲学了。事实绝非如此。如何找到一种令人信服的、成熟的、非机械的讨论方式,是在探讨道德这一主题的每一步中都会遭遇的问题。有时候,为了阐明我们或者他人所使用的伦理概念的分量或实质,我们会征用到文学或者历史。哲学家的专长,即分析论证,当然可以让我们的感知更加敏锐。但其目标是提升感知的敏锐度,让一个人更深切、更诚实地意识到自己的所言、所思、所感。哲学要求我们追问,我们在道德之中的言说是否为真(现在,这一要求似乎比写作这本书时更加迫切了)。在写作这本书时我就感到,一定不能忘掉另外一个关于道德和道德哲学的问题,那就是,我们对于道德的言说在多大程度上听起来是真的。现在,这种感觉甚至更加强烈了。

伯纳德·威廉斯
1993 年 3 月于伯克利

前言

写作道德哲学应当是一件危险的事，这么说不仅是因为写作任何困难的题材或者任何东西都有危险，而是由于两个特别的原因。第一，一个人在写作道德哲学时，至少较之写作哲学的其他部分，更容易直接地暴露自己在感知力上的局限和不足。第二个原因是，如果一个人的写作被严肃看待，他便冒着误导他人对于重要之事的看法的风险。几乎没有哪个道德哲学的写作者能够躲避第一个危险，却有很多人避开了第二个。他们之所以能够避开第二个危险，是因为要么无法让人认真地对待他们的写作，要么是拒绝写作任何具有重要性的东西，或者两者兼而有之。

这个令人悲伤的事实经常被提出来作为反对当代以"分析"或者"语言学"为风格的道德哲学的一个指控：这种道德哲学特别空洞无

聊。在某种意义上讲，作为一个特殊的指控，这并不公道，因为多数时代的多数道德哲学都很空洞无聊。毫不夸张地说，这个学科伟大著作的数目（相比以各种方式涉及道德问题的著作来说）用一只手就能数得清。然而，过去的作品之所以空洞常常是因为传统道德说教的空洞，即用一种乏味的方式来处理道德问题。当代的道德哲学找到了一种原创的方式来继续令人感到无聊，即它根本不讨论任何道德问题。这不是说道德哲学的风格已经进化到可以与道德议题完全切断联系的地步——这种神奇的进化如果真的可能，倒也颇为有趣。而是说，当代道德哲学家着意要把自己透露出来的道德主张减到最少的程度，并且想以一种明晰而无争议的方式使用道德论证。如此一来，就给人一种印象：所有重要的道德议题都在他们的书本之外的某个地方；即使他们会让这些议题的冰山一角得以显现，其显现方式也是极其小心而缺乏想象力的。

造成这种情况的原因有很多。一个核心的原因是，当代关于道德本身的诸多观点并未说清楚我们特别需要什么样的心灵或性格特质来创造有益的（constructive）道德思想。（事实上，在某些关于道德的理论中，甚至不清楚是否可以存在有益的道德思想。）因此，那些观点使得我们对这样一个问题愈发感到不安：当哲学基本上成为一个主要需要——虽然不是只需要——论理和分析能力的职业学术活动时，做道德思考所需要的特质是否就是哲学家所具有的特质？如果真的存在从先验（a priori）的前提中演绎出实质性的道德结论这样一种活动，那么，我们可以合理地认为，经过专业训练的哲学家尤其擅长这种活动。但是，根本没有这样的活动。并且，"如果真的有，职业哲学家将很可能尤其通晓道德问题"这一推论本身就是认为不会有这样的活动存在的一个好理由。

当然，麻烦并不在于，如一些人声称的那样，一旦哲学家不那么明显地置身事外，甚至不那么讲究论证方法，他便一定是在说教。这不可能是唯一的结果。这更可能是一个风格（style）问题。这里所说的"风格"是取其最深的含义，即发现正确的风格便是发现你真正想要做的是什么。一个人如何把哲学论证（毕竟，论证可能是哲学家吸引人们注意的独特之处）同更富想象力的跳跃或者更具体的细节结合起来？要知道，后两者为道德思想提供了更为有趣的素材。难道只有虚构文学才能表现复杂道德情境真实的样子吗？如果不是，更为抽象概要的方式能否表现足够的真实？真正令所有人都忧心的问题有多少能从抽象理论中找到解答？

我如果知道这些问题的答案，现在就不会问了。

本书采取了一条相当曲折的路径，虽然我已经尝试标示出其主要的拐角，但也许我还应该事先概述一下我的计划。我从这样一个人物开始：他常常引起道德家（moralists）的兴趣，准确地说，是引起他们的担忧，因为他对道德提出了挑战，并要求道德做出辩护。这个人便是无道德者（amoralist）[1]，据说他对一切道德考量都无动于衷。对于这样一个人，最有趣的问

---

[1] Amoralist 一词，陈嘉映在《伦理学与哲学的限度》中译作"非道德论者"或"非道德主义者"。——编者注

题——我只是简要地讨论了这些问题——并不在于我们能对他说些什么,而在于关于他我们能说些什么,也就是说,前后一贯的无道德者到底能是一个怎样的人。从他出发,我们接下去讨论那些并不拒斥道德,但对道德的本性持有一种特殊观点的人,他们的观点可能和无道德者一样令人不安。他们便是形形色色的主观主义者,以及一种粗俗得不加掩饰(但很常见)的相对主义者。此处,我还会尝试细致地检讨一个接近很多现代道德哲学讨论核心的构想,我称之为"给主观主义解除危险(defusing subjectivism)"。

从那里出发,接着转到一些关于"善好"（goodness）的考虑。我尝试弄清楚一个人可以善于（good at）做某些事情的方式,以及关于他可以善于担当的角色等更多议题。我试图把一些纯粹的逻辑考虑与在我看来更为实质性的议题分离开来,这些议题关乎人是什么及其与善好的联系。围绕这一领域,有两个特别的问题值得注意:一是智识上的成就与道德标准的关系;二是如果上帝存在,这是否会为我们的道德处境带来任何不同。这两个问题会带来一些关于道德动机以及其他动机的普遍且重要的问题。而这些问题又会引向某些关于道德的实质或目的议题,以及道德是否最终关涉人类的福祉或者幸福(后者的范围也许比前者更狭窄)。最后,我要讨论一种用道德达成幸福的最头脑简单的方式,即功利主义。但我讨论它的篇幅仅够揭示下面的内容:如果恰当地理解功利主义,我们就会发现它是一个非常特殊和奇怪的系统;顺着我指明的方向,我们就能发现它的奇怪之处。而把那些奇怪之处弄个水落石出则需另待时机。[1]

这本书在很多方面都不是一本关于道德哲学的教科书,甚至不是一本入门与概论教材,其中一个原因便是,它没有提供任何系统的理论。对此我并不感到羞愧,因为在我看来,这个相比哲学任何其他分支都更不需要系统理论的学科,却充斥着比它们更多的过度普遍和过

---

[1] 参见《对功利主义的一个批判》(*A Critique of Utilitarianism*),此文载于《功利主义:赞成与反对》(*Utilitarianism: For and Against*, Cambridge University Press, 1973)。

度简化的理论系统。我的意思并不是说一个人在学习道德哲学之前应该摒除先入之见（这是不可能的），甚至也不是说应该摒除理论的先入之见（这将会被证明是既呆板又贫乏的）。我的意思只是，一个人研究道德哲学最开始的责任是要直面把握在自己的经验和想象中的道德现象，并且在更为理论化的层面，要满足哲学其他分支的要求，尤其是心灵哲学[1]的要求。没有理由认为道德哲学或者（从某些方面说更广阔，从另一些方面说更狭窄的）"价值理论"竟会生产出某种有趣的自成一体的理论。

这不是一本教科书的另外一个原因是，它遗漏了这个学科的很大一部分内容。这是相当明显的。但是，如果我提到几个在我看来用更

---

[1] 威廉斯在这里所说的"心灵哲学"（philosophy of mind）指的并不是当今以心灵属性与物理属性之间关系为主要议题的心灵哲学，而是心理学或者心理哲学（philosophy of psychology）。如安斯康姆（G. E. M. Anscombe）在其著名论文《现代道德哲学》中所言，"目前做道德哲学是无利可图的。在我们拥有一种适当的心理哲学之前，我们应该搁置道德哲学的研究。"Anscombe, "Modern Moral Philosophy," *Philosophy* 33 (1958): 1. 安斯康姆所说的"心理哲学"实际上更接近于当今的行动哲学或者道德心理学。——译者注

大篇幅讨论道德哲学所应该关注的中心主题，也许有助于从某个更好的角度来铺陈我在本书中要讨论的东西。这些论题包括：什么是实践思考（practical thought）以及什么是出于理由而行动；什么是行动以及道德思想中的自洽（consistency）；相关地，道德冲突如何是道德的一个基本事实；规则这一概念对于道德的某些部分（但并非全部）怎么就是重要的（本书没有论及规则的重要性）；道德和非道德的区分，尤其是这一区分最重要的应用——辨别人类不同种类的卓越——有多么不可靠和成问题。

不可避免地，本书应该会遗漏多数重要的问题，然而，它并不一定要采取一个曲折的路径。至于它是否不可避免地无法找到一个关于如何写作道德哲学这一问题的答案，我不知道。

# 第一章 无道德者

THE AMORALIST

第一章　无道德者

"我为什么应该做（哪怕任何）一件事？"
有很多种方式去理解这个问题，其中两种是：
当这句话意味着"给我一个去做随便什么事情
的理由吧，一切都没有意义"时，它是在表达
绝望或无望；或者，当它意味着"凭什么这世
界上会有些事情是我*应该*或*应当*去做的？"时，
它便是在公然违抗道德。

即使我们可以按照第一种方式把这个问题
理解为"给我一个去做……的理由"，我们也非
常不清楚我们是否真的能给那个提问的人一个理
由。也就是说，若从如此根本的层面谈起，我们
不清楚是否可以通过论辩使他在乎某事。在找到
他已经愿意去在乎的事情的意义上，我们可能真
的会"给他一个理由"，但他的在乎并不是被推
理诱导出来的，并且，到底可不可能有这种诱
导，这是很可疑的。他需要的是帮助或者希望，

而不是理性推理。这一点当然是对的：一个人只要活着，他就要做某些事而不做另一些事，因而在某个绝对最小的意义上，他拥有某种理由，拥有某种最低程度的偏好去做那些事而不去做其他事。但是，指出这一点对我们仍然没什么用，他可能仅仅是因为活着才去做那些事，像一台机器一样，那些事对他来说并没有任何意义。此外，如果他把自己所处的绝望状态视为自杀的理由，那么这将会是一个真正的决断。作为一种从所有决断中解脱出来的方法，自杀必然是一个为时已晚的决断（如同加缪在《西西弗斯神话》中指出的一样）。但是，如果事实证明他只准备承认那一种一了百了的决断，那么，无论是对我们还是对他，都没有什么胜利可言。

我并不觉得没法抵御这个人的绝望状态可被视为理由（reason）或者理性（rationality）的挫败，毋宁说，他的状态是对人性的挫败。然而，以第二种理解方式提问的人已然被很多道德家视为对道德推理的真正挑战。要知道，他承认做某些事情的某些理由，而且，在某些时候，他和我们大多数人一样。如果道德可以依赖理性起步运行的话，那么，我们应当能够用一个反驳他的理性论证让道德成功起步。虽然其最纯粹的形式——我们可以称之为"无道德者"（amoralist）——可能事实上不会被说服，但如果存在一些只要他是理性的就会被说服的理由，对于道德来说似乎也是一种慰籍。

我们可能首先会问，他拥有哪些动机。虽然他对道德考虑无动于衷，但他有在乎的东西，有某些真正的偏好和目的。它们很可能是快乐和权力，或者某些更加古怪的癖好，比如搜集各种物件。这些目的本身并没有排除对于道德的某种承认，为了把他描绘成根本不承认道德的人，我们必须要排除哪些东西呢？大概是这么一些东西：在乎他人利益的动机；当不利于他的时候仍然有想要说真话或者信守诺言的倾向；以及因为一些行为不公平、可耻或者自私而拒绝去做的动机。这些都是道德的实质内容。或许我们也应该排除道德的一个更为形式化的方面，即任何反躬自省并拥有如下想法的性情（disposition）：如果自己这样行动是"可以的"，那么别人对自己采取同样的行动必须也是"可

5

以的"。因为，如果他准备采纳这个立场，我们也许可以说他并不是没有道德，而是有一种奇特的道德。

然而，在这里我们需要做一个区分。在某种意义上，一个人完全可以认为所有人都利己地行动是"可以的"，而同时不踏入任何明显的道德考量领地。前提是，粗略地说，"它是可以的"意即"我将不会把它道德化"。如果"可以"的意思类似"被许可"，那么他将处于某个道德领地，因为那将暗示，比如，"人们不应该干涉他人追求各自的利益"。而作为一个无道德者，他不可能有这样的想法。类似地，如果他抗议（这简直是一定的）别人用他对待别人的方式去对待他，这将是完全自洽的，只要他的抗议仅仅在于表达他的不满和反抗。但他无法自洽地对别人的行为表示愤恨（resent）或者不赞同，因为这些都是道德系统中的态度。可能很难发现他是否真的屈服于道德论证，因为他无疑将发现，假装表达愤恨和道德创伤有利于阻止他所处的环境中那些更易被惹怒的正派人士对他采取敌对行为。

如同他的很多行为一样，这表明了一个显而易见的事实，即这个人是道德系统的寄生虫。如果别人与他采用同样的行事方式，他和他的满足就不会是现在这个样子了。因为一般来说，如果没有某些道德规则，社会就不会存在，而他需要社会。此外，他因诸如许诺这样的道德规范以及身边人的道德性情而获得更多特别的好处。事实上，他无法否认自己寄生虫的地位，但他非常抵制与之相关的种种推测。因为，假如我们对他说："如果所有人都像你那样行事，你会怎么样？"他就会回答："如果他们真那样做，好吧，我想会不太妙，尽管在接下来的混乱中我可能还会比其他一些人做得更好。但事实是，大多数人不会那样做。如果他们真要那样做，那时我就完蛋了。"诉诸一种想象的普遍化所造成的后果，本身便是一种基本的道德论证，如果他自洽的话，他并不会被这种论证打动。

在持有这个立场的时候，为保持自洽，有几样事情他必须避免。其中一件事——事实上我们之前就注意到了——就是任何想要说"道德大众无权（no right）讨厌他、拒绝他或者把他当作敌人"的倾向，如果大众真的想要这么做的话（他的权力、魅力或欺骗完全可能让他们不这么做）。任何关于辩护（justification）的念头，至少是关于此种类型的辩护念头，对他都是不适当的。而且，如果前后一贯，他必须抵制一个更加潜在的倾向，即认为自己的品格真的相当优越——特别是跟胆小怕事的群众一比，自己尤其勇敢。因为在沉湎于这样的想法时，他就会不断面临跳出自己的欲望和品味的世界而进入另一个领域的危险，在那个领域中拥有某些性情被看作是人所应具有的卓越品质，或者拥有这些性情对于在社会中立足是好事，等等。虽然这样的想法不必直接引向道德考虑，但它们为道德提供了一个实质性的立足点。因为它们会立即招来一些疑问——那些性情有什么好的？并且，离开关于公众利益和他人需要的考虑，他很难深入地思考这些问题，而这些考虑又将再一次把他带回他自绝于外的道德思想的世界。

自以为勇敢的诱惑尤其危险，因为勇敢本身就非常接近一个道德概念，并且，随之而来

第一章　无道德者

的是一系列显著的道德反思。这个人对勇敢概念的应用也会包含一个错误的预设，即那些更加讲道德的公民如果干了坏事能不被发现，或者他们没那么容易被吓到，再或者他们没有被动地接受社会的塑造——更一般地，如果他们能免遭社会压抑之苦，那么，他们也会变得没有道德。正是因为"其他人都[是出于]害怕[才服从道德]"这一想法才让他觉得自己很勇敢。但这些预设都很荒谬。如果他的意思是，一个人作为个体假如能肯定自己做了坏事而不被发现，那么他就会打破任何道德规则（这正是柏拉图《理想国》中能让人隐形的"裘格斯之戒"背后的想法），那么，这对于很多行动者来说都是错的，理由在于：基本的道德规则和道德观念在长大成人的过程中已被深深内化，以至于就算警察和爱说三道四的邻居们都不在，它们也不会就此消失。这是道德规则之为道德规则而有别于单纯的法律要求或者社会风俗的特征之一。事实上，道德教育能够让人想要经常以非利己的方式行事，并且常常还能成功地让人出于内在的理由，至少感到很难去做出十分卑劣的行为。

但是,无道德者会说,这只是社会塑造而已,移除这些社会条件,你将不会找到道德动机。我们当然可以拒斥"塑造"一词的修辞效果,可即使有(事实上没有)一套正确的学说能够用行为主义的学习理论解释所有的道德以及类似的教育,它本身必须要解释那种能够培养出洞察力的成功而益智的养育和那些只能产出条件反射的养育之间显而易见的区别。此外,如果我们转而认为所有的道德动机都是社会影响、教化、文化等等的产物,这无疑也是对的。但是,事实上,一个人几乎所有其他的东西同样也是这么来的,包括他的语言、他的思考方法、他的品味,甚至他的情感,包括无道德者所重视的多数性情倾向。但是,他可能会说,假设我们承认,任何复杂的东西甚至我的欲望都受到文化和环境的影响,并且在很多时候都由它们所产生,然而有一些利己的基本冲动,构成了所有这些的起因:这些基本的冲动才是人的真实面目。

如果"基本"的意思是指"在发生上原初",

第一章 无道德者

无道德者可能是对的：这是心理学理论研究的问题。但是，即便在这个意义上他是对的，它也又一次（与他的论证，而不是与如何抚养儿童的问题）是不相干的。即便真的有人类的真实面目这回事的话，它也不会是人类非常年幼时的样子，因为很小的儿童并不掌握语言，也不具备人真的拥有的许多其他东西。或者，如果检验人类真正面目的标准是在重压、贫穷或匮乏条件下的可能行为（此正是霍布斯在其自然状态的图景中所采用的标准），那我们只能再次提问，为什么要用这个标准？撇开结果的不确定性不谈，为什么那竟是个合适的标准？我们并不在极端重压和匮乏的环境中观察任何动物的典型行为或者人类的其他特点。假设有人说：如果你想了解人类的真实面目，就看看他们困在救生艇里三个星期之后的表现。我们并不清楚为什么这是一个了解他们的动机构成而不是他们的身体条件的好标准。

如果真的有个东西叫作人类的真实面目，那么它可能（至少在这些方面）与人们实际的样子并没有太大不同。人类就是这样的生物，道德考虑在他们的生活中扮演了重要的、构成性的，但常常又是不牢靠的角色。

如此一来，无道德者可能会被建议要避免与社会上的其他人进行沾沾自喜的比较。当然，其他人可能会羡慕他，或者，羡慕他的可能会是那些与他保持一定距离而没被他直接侵害利益和情感的人。但是，他不应该因此而太受鼓舞，因为那可能只是一种[不切实际的]心愿（而并不是说，如果可以，他们就会像他一样，因为一个心愿不同于一个遭到挫败的欲望）。假如他不被当人来看待，其余的人也不会羡慕他，更不会喜欢他。这就提出了一个问题：我们留给他的东西是否够他做一个人？

他是否在乎任何人？是否有任何人的痛苦和不幸会影响到他？如果答案是否定的，我们似乎制造出了一个变态（psychopath）。如果他真是个变态，通过理性论证而使他服从道德的想法无疑是愚蠢的，但是这一事实同样无法破坏道德或者理性的基础。只有存在道德以外的选项，为道德辩护的活动才有意义——辩护必须有其所反对的对象。无道德者看似重要就在

第一章 无道德者

于他似乎提供了另一个选项,毕竟,他的生活看起来有其吸引力。在某种意义上,变态对于道德思想来说也是重要的,但是他的重要性在于以下的事实:他让我们感到震惊,并且,关于他为何以及如何让我们震惊,我们必须寻求更深的理解。他的重要性并不在于他别样的生活方式对我们有什么吸引力。

我们之前粗略概述的无道德者确实可能比变态拥有更多的吸引力,你可以把他想象成拥有某些情感,偶尔关心发生在别人身上的事情。此时,黑帮电影中的某个模式化的形象便会映入眼帘:这是一个残忍却相当有魅力的角色,他在乎他的母亲、孩子,甚至情妇。他仍旧可被视为没有道德,因为普遍的考虑对他并没有影响,并且他极端缺乏公平及类似公平的考量。虽然他时不时地为别人行动,但这全看他的心情。现实中的道德哲学论证对于这个人当然是没用的。首先,他总是有别的事要做而没空听这些论证。但这不是重点(虽然某些关于道德论证的讨论常常使人们低估这一点的重要性)。重点在于,他提供了一个模型,借助它我们得以一瞥道德成功运行所需要的东西，即使在现实中，不太可能通过与他对话使他变得道德。

我认为，他给我们的东西已经足够多了。因为他拥有因他人需要而为其行事的观念。虽然只有当他事实上想要这么做的时候他才会践行那个观念，但那个观念本身并不等同于他想要这么做的观念。即使他帮助一些人是因为他想或者因为他喜欢他们，而没有别的理由（这里并不是说他需要改进他的理由，对于这些特定的行为来说，他的那些理由已经很好了），他想要做的也是在他人需要的时候伸出援手，在他出于喜欢别人而行动的时候，他的想法是"他们需要帮助"而不是"我喜欢他们并且他们需要帮助"。这一点很关键：这个人有能力站在他人利益的角度思考，他没能成为一个道德行动者（部分地）因为他只是间歇性地、反复无常地倾向于这么做。但他的这种状态和基本的道德性情之间没有深不见底的鸿沟。有些需要帮助的人不是他此刻想要帮助或者喜欢的人，也有另一些人喜欢或者想要帮助其他一些特定的需要帮助的人。要让他体察到他不喜欢或者

第一章 无道德者

不愿帮助的人们的处境,似乎是他的想象力和理解力得到延伸的过程,而非一个不连续的跨越让他踏进一个完全不同的东西,即"道德空间"(moral plane)。如果我们能够让他考虑那些人的处境,让他思考和想象那种处境,可以设想,他可能会开始对之表露出关心。也就是说,我们扩展了他的同情心。如果我们可以让他把同情心扩展到那些他并不亲近但需要帮助的人,那么,我们也可能将之扩展到那些他并不亲近但利益受到侵犯的人,如此一来,我们就能让他对公平的观念有一些基本的理解。假如我们能让他顺此一路下去,那么,他对诸多道德考虑就有了一定的把握,虽然他的把握无疑是非常不牢靠的。无论如何,他已经不是一开始的那个无道德者了。

上面的这个模式并不是要概述如何从同情心及其扩展的可能性建构出一整套道德的大纲:这是不可能的。(即使是拥有与此最接近的看法的休谟都没有尝试这么做。在他的理论系统中有很多有趣和有价值的东西,其中与这个论点相关的便是"自然"美德和"人为"美德的区分。）这个模型只想表明一件事：如果我们允许一个人拥有对他人最低程度的关心，那么，我们只需要他把已经拥有的东西做一个扩展，而无需赋予他任何根本上全新的想法或经验，便可以让他进入道德世界。他距离道德世界并不远，并且，道德世界是一片广阔的疆域：正如我们在描绘无道德者时所发现的，要抛弃道德你必须走很远的路。而那个拥有扩展了的同情心、有能力超越自己的周遭关涉而考虑他人需求的人，已经处在道德世界之中了。

从上面的讨论推不出以下的结论：拥有对他人的同情关心是进入道德世界的必要条件，上面所描绘的是"通往道德"的唯一道路。虽然这个结论从上文中推不出来，但它却是对的。

这里谈及的关于道德动机以及其他动机的一些考虑，我们之后还会继续讨论。现在我要转而讨论另一个人，这个人以一种和无道德者不同的方式同样威胁到道德。这个人承认他应该拥有一种道德，却指出其他人有各种不同的道德——并且坚持根本不存在从各种不同的道德中做出选择的办法。他便是主观主义者。

第二章 主观主义：初步的想法

SUBJECTIVISM: FIRST THOUGHTS

第二章 主观主义：初步的想法

下面三个论断用各自不同的方式表达了这样一个观点：道德主张或者说道德判断、道德观都"只是主观的"：

（a）一个人的道德判断仅仅陈述（或表达）他自己的态度。

（b）道德判断没法像科学陈述一样被证实、被建立或者被证明为真（true），它们只是个人意见而已。

（c）没有道德事实，只有科学或者平常观察可以发现的诸种事实，以及人们置于那些事实之上的价值。

这三个论断彼此很接近，在讨论主观主义和客观主义的时候，你会经常发现这三者的诸多版本实际上在互相替换地使用。它们确实彼此之间相互联系。但它们之间也有显著的差别。第一个论断，即（a），表达了一种可称作广义的逻辑或者语言学的观点：它声称要告诉我们一些关于道德话语是什么或者做什么用的看法。第二个论断，即（b），引入了一系列在第一个论述中没有的观念，那些观念与知识的概念相关，可被视为表达了一种关于道德判断的认识论观点。第三个论断，即（c），是三者之中最模糊和最不好把握的，而且表面上，它有和前两个论断一部分或全部重叠的危险：很多哲学家都会认为它肯定会重叠。然而，较之前两个论断，第三个论断以其不恰当的方式表达了某种最接近很多担忧道德客观性的人所关注的东西，也即这样一个观点：没有一个[客观的]道德秩序"就在那里"——就在那里的或者在世界上真实存在的，只是诸种科学以及更为日常的人类探索（科学是其精炼的形式）所处理的对象或事实。"所有其他的东西都是人的作品（*Alles anderes ist Menschenwerk*）。"[1]

---

[1] 这句话摘自德国数学家利奥波德·克罗内克尔（Leopold Kronecker，1823—1891）的名言，其完整表述是：上帝创造了整数，所有其他的东西都是人的作品。——译者注

第二章 主观主义：初步的想法

如果我们以一种要求不高的方式使用"形而上学"这个词，可以说（c）表达了一种形而上学观点。

这一形而上学观点最明确地说出了潜藏在所有这三个论断之中的东西，即事实与价值的区分。这一区分业已成为很多现代道德哲学的核心关切。这种关切所采取的一个重要方式便是，在强调这个区分的同时拒斥其可能产生的使人忧虑的后果。拒斥的方式有两种：要么尝试表明没有那些后果，要么表明那些后果并不值得忧虑。这样一种（可被称为）给主观主义解除危险的计划可用上面三个主观主义的论断大致表述如下：在它们能够得到捍卫的范围内，它们说的是同一件事，并且那件事既不会令人担忧又切中了道德的本质（奇怪的是，它切中了道德的本质这一点本身有时候被认为暗示了它不会令人担忧）。

我们会持续地讨论给主观主义解除危险这一计划，但其间会有中断。它是这样开始的：首先，论断（a）要么是假的要么是无害的。如果它断言道德判断只陈述说话者的态度，那它就是假的。因为，如果是那样的话，道德判断便只是在自说自话，可以被如下形式明确的论述取代而没有任何损失："我对此的态度是……"，或者"我感觉……"。但假如是这样的话，人与人之间的道德分歧将会消失。我们通常认为[做出不同道德判断的]两个人表达了相互冲突的观点，但实际上其观点根本没有冲突，就好像两个在一条船上的人，其中一个说他感觉自己想呕吐而另一个说他不想吐。然而，一个明显的事实是，存在真正的道德分歧，并且道德观点之间可以发生冲突。道德判断（至少在这种程度上）必须拥有我们让它们拥有的意思，而且，我们让它们拥有的意思，或者我们使用它们的方式就是：它们并不仅仅是自说自话，而是，某人说出一个相反的道德判断就会否决原来的判断。因此，它们并不只是描述说话者自己的态度而已。

然而，这个论证并没有处理下面这一可能性，即道德话语可能具有表达说话者态度的功能，尽管它们并不直接描述说话者的态度。这个论断本身无可争议，并且是无害的，因为它无异于说，一个做出道德判断的人可被视为（如果那个判断是真诚的）对某个道德议题表达了他的态度，而这并没有支持任何明显的关于道德判断的主观主义立场。因为一个做出真诚的事实判断的人也可被说成是对一个事实议题表达了他的信念，而这并不能支持一个关于事实判断的主观主义立场。如果一个人说"一个做出道德判断的人表达了他的态度，除此之外别无可说"，这时，主观主义的诠释才会出现。尤其是，论断（a）的主观主义效力在于这样一个提示，即表达于道德判断中的态度并无对错可言，而表达于事实判断中的信念则有真假可说。

既然那个论断重新获得了显著的主观主义形式，那么它就会被说成是错的。因为——再次考虑我们实际做出和对待道德判断的方式——道德态度并不是没有对错可言。不同于（比如）对于食物的口味或者偏好的单纯表达，道德判断的一个显著标志便是，"一个人的道德观点出现错误"这个想法是被我们非常严肃地对待的。实际上，道德观点这一概念本身便在这里标识出一个差异，此概念明显地偏向信念（belief）而非单纯的品味或者偏好。"萝卜青菜，各有所爱"（*de gustibus non disputandum*）这一准则并不适用于道德观点，而这正是道德的一个标志。

对此，一个可能的回应是：道德态度有"对"和"错"可说并且其对错被严肃对待这一事实，并没有在任何最终的意义上超越主观主义。它并没有证明道德态度不只是（单纯的）态度而已，而只表明它们是能够干扰到我们的态度，只表明在社会中保证大家道德态度趋于相似对我们很重要。语言中"对"与"错"的使用可被视为用以实现保证共识、划分异议者等目的的工具的一部分。而事实仍是如此：我们所拥有的仅仅是人们对于不同种类的行为、人格、社会制度等等的诸多态度。

然而，这种解释似乎并不符合事实，至少它肯定低估了情况的逻辑复杂性。尤其是，它没能说明如下这一确定无疑的事实：一个人可能处于道德怀疑的状态，而他可能出于理由的缘故而摆脱怀疑。也就是说，一个人可以用并非任意的方式改变自己对于某个道德问题的看法，这一改变不仅可以关乎具体个例，也可以关乎普遍议题，并且这一改变是出于理由的。因此，一个人原本相信允许堕胎的态度是错的，他可能改变自己的看法，并且这种改变并不只是因为（比如）他在持有允许态度的人群中感到自己很孤独。毫无疑问，很多道德哲学的作者夸大了人们由于理性的考虑而修改其道德观点的程度。那些作者无视道德态度因非理性因素而被修改的明显程度，那些因素包括想要归顺某个群体或者不想归顺另一个群体，那些群体本身并非因为道德的理由被选择，而是被个人的境遇和需求所决定。不过，在某种意义上，这是无关紧要的。因为，即使道德态度很少由理由决定，且用来支持它们的理由只是马后炮式的合理化，但为了给这种合理化留出空间，我们的道德态度和道德判断的模式至少必须足够复杂。只有当促使一个人接受某个立场的力量满足了某些使这种立场与理由相关联的条件，我们才能将它理解为一个道德立场。

然而，即使道德态度的特性允许理由的支

持和反对,允许使用理由来得出结论,也可能有人会说,这些活动只有在一个给定了前提的框架之内才可能进行。即便人们可以互相辩论个别的道德议题或者原则层面的问题,这也只是因为他们背后有一些道德态度是不存在争议的,而且,正是因为这些[共享的]态度,理性辩论才得以进行。如果用一种相当强的方式来表述这一论点,可以说,论辩双方所争论的只是共同接受的道德观点的具体应用。因此,没有道德共识的背景就不会有理性辩论。在这一点上,主观主义的态度会重新出现,并且声称:关于理由交换的诸多考虑只表明,一个人或者一个社会的道德在某种程度上是普遍而成系统的,并且,普遍的道德态度可以应用到不那么普遍的事例上面。一旦我们迈出大家都同意的普遍态度的框架,便不会再有进一步的理性论辩空间,也没有办法可以表明任何一个道德立场是对或是错。

这个论点同我们的第二个主观主义表达式(b)非常接近。看起来,我们已经被第一个表达式的修改版本带到第二个表达式这里了。但是，有人可能想要修改一个自然地进入表达式（b）中的元素[1]，继而改变"主观主义"这个词的一个可能暗示。因为当一个人转向分歧最终无法克服的议题时，很自然地，他就会以社会而非个人作为容纳一套道德态度的单位。这不是为了确认社会的实在性，而是为了让我们注意到下面这一点：存在于一个社会之内的[道德]分歧，其无法调和的程度是有限度的（因为没有了某种程度的道德同质性，社会就不存在了）；但是，不同社会之间的分歧则没有限度，至少没有那种限度。

---

[1] 即个人的元素。修改之后（b）变为：道德判断没法像科学陈述一样被证实、被建立或者被证明为真，它们是社会的集体意见。——译者注

第三章 插曲：相对主义

INTERLUDE: RELATIVISM

第三章 插曲：相对主义

探讨关于主观主义的论证进行到了这个阶段，让我们稍作停顿，来讨论一种建立在不同社会之间的道德分歧之上的独特立场，或者说是多种立场的一种特殊集合。这便是相对主义，它是人类学家的歪理邪说，也可能是在道德哲学中提出过的最荒谬的观点。其粗俗且顽固不化的形式（我之所以研究它，是因为它是相对主义最显著、最有影响的形式）包含三个命题：一、"对"的意思（只能被连贯地理解为）是"对于某个给定的社会是对的"；二、"对于某个给定的社会是对的"是在功能主义的意义上理解的；三、（因此）一个社会的人去谴责、干涉（等等）另一个社会的价值就是错的。作为一个历史悠久的观点，相对主义在某些倾向自由主义的殖民主义者那里一度很流行，尤其是在一些地方（比如西非）的英国殖民地长官中流行，在那些地方白人并不占有土地。尽管现代的非洲民族主义恰当地谴责了其部落主义和保守主义的内涵，但就其实际所扮演的历史角色而论，如同其他一些糊涂混乱的学说一样，相对主义可能产生了有益的影响。

无论它[在历史上产生的]结果如何，这个观点显然并不自洽，因为它在第三个命题中做出了一个关于在处理与其他社会的关系时何为对何为错的断言，并且这里的"对"是在第一个命题所不允许的非相对的意义上使用的。比如，活人献祭"对于"阿散蒂人（Ashanti）来说"是对的"，这个判断被理解为"活人献祭在阿散蒂人之中是对的"，进而又被理解为"阿散蒂人之中的活人献祭是对的"，也就是说，我们无权干涉它。但是，最后的这个理解肯定不是这种相对主义理论所能允许的主张。这个理论最多可以允许这样的主张，即对于我们的社会来说，不去干涉阿散蒂人的社会是对的（亦即，在功能上有价值的）。但首先，这个主张肯定不是第三个命题所要表达的意思；第二，这个主张的真假很可疑。

第三章 插曲：相对主义

作为一个要把道德相对化的观点，相对主义却附带了一种以宽容或者不干涉为特征的非相对的道德，这在逻辑上显然难以令人满意。但除此之外，在其功能主义方面，这个理论还拥有一些功能主义所普遍拥有的臭名昭著的缺点，尤其是围绕着如何确认"一个社会"的诸多困难。如果"社会"被视为一个文化单元，部分地通过其价值而获得身份，那么，很多功能主义的命题将不再是经验命题，而变为赤裸裸的同义反复：一个拥有某些价值的族群得以保存那些价值当然是其存续的必要条件。与之相对的另一个极端则认为，一个社会的存续可被理解为某些人及其后代的存活，这样的话，很多关于文化存活之必要性的功能主义命题就是错的。在英国，当一些威尔士的民族主义者说威尔士语的使用是威尔士社会存在的一个条件时，他们有时传达出这样一种印象：它是威尔士人存活的一个条件，好像忘掉威尔士语真的是致命的。

在这两个极端之间是一片真正有趣的领域，那是提供有用信息的社会科学的领地。那里有空间可以容纳诸如这样的断言：一个给定的实践或信念比它表面上看起来更加紧密地与一个社会的构造内在地相联系而并非其附庸，以至于对它的压制或修改可以引发比预想的大得多的社会变动；再或者，某一套价值体系或制度可能具有这样的特点，即如果它们被丢弃或剧烈改变，那个社会中的人将处于一种无根的（deracinated）和无希望的境地，尽管他们肉身仍然存活着。这样的命题一旦被建立，它们在决定如何行动的时候肯定会具有头等的重要性，但它们仍然无法取代决定如何行动的实际工作。

在这里，以及贯穿于处理不同社会之间的价值冲突问题的始终，我们都需要（但很少得到）某种适度现实主义的画面，这个画面描绘的是谁可能正在做出何种决定，以及与诸多考虑在实践上可能相关的情境。在进入脑海中的各种情境的范式之中，有一种属于冲突的类型，比如其他社会与纳粹德国的对抗。另一种则是控制的类型，（最明显的例子莫过于殖民主义，但为了避免其中进一步的复杂性）人们可能会把加纳中央政府与传统阿散蒂社会的残留元素之间的关系作为此种类型的一个例子。无论在以上哪一种类型中，功能主义命题本身都不会提供任何答案。更不用说在如下的情境中了：在那里，主要的议题是一个给定的族群是否应该现实地或者可欲地（desirably）在相关意义上被视为"一个社会"，或者它的价值与未来是否与一个更大族群的价值与未来不可分割，如同黑人在美国的情况一样。

相对主义主要的混乱在于，它试图从不同社会拥有不同的态度和价值这一事实中变出一条先验的非相对原则，以此来决定一个社会对待另一个社会的态度。而这是不可能的。如果我们认为不同社会之间有根本性的道德分歧，我们就必须把它们对待其他道德观的态度也包括进它们之间会产生分歧的诸多事物之中。但是，这一点也是对的，即道德有一些固有的特征使得它很难被认为仅仅适用于一个族群。任何道德之中都有普遍化的元素，一开始在部落道德的范围内这种普遍性也许只适用于部落的成员，然而，渐渐地，它开始覆盖于所有人。具体说来，某些类型的反应和动机会深深内化于人们心中，不可能在遭遇到其他社会的人之后便凭空消失。正如之前所论述过的，这一点对于道德及其在社会中所扮演的角色至关重要。正如"萝卜青菜，各有所爱"这一准则并不适用于道德，"入乡随俗"（when in Rome do as the Romans do）也同样不适用，它至多只是一条礼仪原则。

道德不只是随俗的问题，而是容忍他乡之俗的问题。这里，指出下面这一点将略显陈腐：游历世界各地的人当然可能将自己对于陌生行为的道德反应正确地视为狭隘的偏见，并且会试图修正或者怀疑地看待它。关于这一过程在不同情境中的发生存在多种解释，我们可以在那些解释之间做出很多重要的区分：有时候他可能停止将某个议题视为道德问题；有时候他可能会认识到，虽然看起来发生在他乡的事情在其家乡应受谴责，但两者在道德方面其实并不相同。（虽然难以置信，但也许有一些传教士或者其他人将生活于一夫多妻社会的人视同家乡下流的重婚者。）但是，坚持认为这些接纳包容的反应才是唯一正确的态度，或者认为有一种先验的要求让我们接受所有令我们觉得惨无人道的做法，都只是一种特殊的道德观点，而且是一种在心理上和道德上都不合理的观点。在其精彩绝伦的书中[1]，伯纳尔·迪亚兹（Bernal de Diaz）跟随科尔特斯（Cortez）去了墨西哥，其中有一段文字描写他们偶遇当地祭祀神庙时的感受。这群在道德上从不矫饰的亡命徒着实被阿兹特克人的做法吓到了。把这种反应仅仅视为地方偏见或自以为是肯定是荒谬的。不如说，这种反应表明了某种并不总是在他们的行为中表明的东西，即他们把印第安人视为人而不是野生动物。

这种类型的例子，以及更为一般真实对抗（actual confrontation）的事例值得继续探究。"每个社会都有它自己的标准"可能有时是社会研究的有用准则，即使它混乱不清。作为社会研究的准则，它也是无害的。但是，当一个人遭遇活人祭祀时，他到底应该怎么办呢？对于我们很多人来说，这可能不是一个真正的问题，

---

[1] 即《征服新西班牙信史》(*The Conquest of New Spain*)。——译者注

但对于科尔特斯他们来说,这是。"这不关他们的事",也许有人会说,"他们本来就无权到那里。"也许吧,虽然这本身又必然是一个非相对的道德判断。然而,即使他们无权到那里,这又能推导出什么呢?这个问题是真正的道德论证需要搞清楚的。因为,如果一个入室窃贼无意中发现房屋主人正在试图谋杀某个人,他便因为自己是非法闯入而在道德上有义务不去干涉吗?

所有这些都不是要否定诸多明显的事实:很多人在不应该干涉的时候干涉了其他社会,未曾理解便横加干涉,而且,那种干涉常常比他们所要试图阻止的东西更加残忍。我只想说,以下的结论不可能是道德之本性自身的产物:任何社会都不应该干涉另一个社会,或者来自一个社会的个体在遭遇到另一个社会的习俗活动时,如果他是理性的,他就应该做出接受的反应。得出这些结论正是粗俗的相对主义所特有的(并且是前后矛盾的)步骤。

第四章　主观主义：进一步的想法

SUBJECTIVISM: FURTHER THOUGHTS

第四章 主观主义：进一步的想法

粗俗的相对主义并没有什么吸引力，但是它所犯的主要错误却非常重要。这个错误的重要性超出了相对主义这一特定学说的范围，而关系到不同社会之间的关系。一个被主观主义观点说服的人可能停止关心道德议题。（这不同于停止把某事本身视为一个道德议题。一个人可能合理地认为没有特殊的两性道德，也就是说，没有仅仅约束两性关系的道德考虑，但同时承认这一极其明显的事实：两性关系尤其且非常容易产生关于信任、利用、不顾第三方利益等等道德议题。）比如，一个面对某种丑恶的政治不正义的人可能感到没有信心去提出异议或者反抗它，因为他会说一些类似这样的话："应该由谁来评判呢？"或者"这只不过是我的感受反对他们的感受罢了"。

只要在主观主义和漠不关心之间有任何可

追溯的思想联系，这个联系肯定包含某种类似相对主义所犯的错误的东西。因为其想法肯定与此类似："因为主观主义是对的，所以我的抗议就得不到辩护。"如果这是对的，它必定要么是因为"如果主观主义是对的，任何人做任何事都得不到辩护"，要么是因为"如果主观主义是对的，他的抗议尤其得不到辩护"。如果是第一种情况，那么，不仅那些不正义的施加者正在做的不义之事得不到辩护，这个人选择不抗议也同样得不到辩护，而且，这些考虑把他本来拥有的所有主张漠不关心的根据都移除了。无论如何，即使对于主观主义来说，这个版本的论证都肯定走得太远了。因为主观主义并没有断言，认为某事可以得到辩护是不可能的，而只是说，当一个人认为某事能得到辩护时，他无法最终被证明是错的。我们正在讨论的这个人，不知怎么从这个观点跳到了下面这个立场：没有人（无论他多么主观）能认为某事可以得到辩护。这一步跨越肯定是错的，除非主观主义是不自洽的。如果主观主义不自洽的话，主观主义就是错的，整个论证也就随之结束了。

接着，让我们来试试第二个选项，即由于主观主义是对的，所以他的抗议尤其得不到辩护。为什么会这样？"好吧"，他可能会说，"他们认为他们是对的，我凭什么说他们是错的？"然而，这个说法表面上的力量完全来自其巧妙地脱离了主观主义的舞台并引入了这样一个想法：存在客观的对与错，只是他不确定其他那些人的行为在客观上是对是错。要坚持主观主义的立场，他必须认识到，如果他选择认为他们是错的并且认为他的抗议是对的，那么，没有人可以说他是错的，而且，他的抗议不会比他们正在做的事更加得不到辩护。表述这一论点的另一种方式是这样的："也许他们是对的"必须是他的道德想法之一。如果他也拥有"他们是错的（只是我的抗议得不到辩护）"的想法，那么，在他自己的系统中就有前后矛盾的道德思想，而主观主义从来没有要求他那么做。事实上，"我凭什么说他们是错的？"当然不是一个在他自己的主观系统内部的[一阶]想法，而是悬在他自己和其他人的想法之上的半空中。这个想法试图站在所有（包括思考者自己的）

道德立场之外,而本身又仍然是一个道德判断。但是,根据主观主义,任何人都不能在那种悬空中拥有一个道德判断。

这类理由表明为什么那些给主观主义解除危险的人认为主观主义让一切保持原样,而不可能在逻辑上暗示漠不关心或者任何其他的实践态度。(也许他们由此就太过匆忙地断言他们的观点无法鼓励任何这样的态度。这一断言可能基于一个可疑的根据,即我无法对人们由于我说的话而陷入的混乱负责。)但是,主观主义真的让一切保持原样吗?当然不是一切。我认为,我们刚刚所做的关于漠不关心无法从主观主义推论出来的逻辑论证是完全有效的。之所以会这样是因为论证漠不关心要求那种悬空的立场,而主观主义禁止这一立场。在禁止悬空立场的同时,主观主义似乎拿走了某些东西,因为我们似乎能够(比如在主观主义自己的一些论断中)确认到悬空立场的存在。另一种表述我们的疑惑的方式是这些论证似乎并没有给我们任何特别的理由把悬空的立场排除出道德之外。据说道德思想在悬空的立场中没有栖身之地。但是，那个立场似乎确实给某些类型的思想，尤其是关于事实的思想提供了容身之所。的确，主观主义自己坚持道德态度和事实信念之间的区分（参见我们在前面给出的原始表达式 [b] 和 [c]），认为前者没有后者所具有的"客观性"。主观主义者留给我们，可能是故意要留给我们一种不舒服的感觉，好像事实信念拥有而道德信念缺乏某种值得拥有的东西：事实信念和科学似乎比道德更加牢固。

然而，只要我们关心的是道德而不是关于道德的混乱感受，那么我们仍然可以说，主观主义让一切保持了原样。即使承认上述关于 [道德态度和事实信念之间] 牢固性的对比，我们也不能得出任何实践结论。我们尤其不能（如现在的一些人所倾向的那样）得出这样的结论：科学是客观的而道德不是，因而我们投身于科学研究就有客观的辩护，而抗议不正义就只有主观的辩护。因为投身于科学和任何其他行为一样都是实践活动，没有理由认为这个活动应该有客观的辩护而其他活动没有。从事客观问题研究的辩护不是研究那些问题的客观辩护，就好像,《数学原理》(Principia Mathematica)中的定理存在演绎的辩护,并不意味着对于阅读、演算或者发现《数学原理》中的定理这些活动存在演绎的辩护。所有这些都体现了那个拥有奇怪诱惑力的谬误的例证,即"胖牛"原则('fat oxen' principle):赶着胖牛的那个人必须是个胖子。

同样的道理(虽然更加微妙),"实用的"政治政策(即将复杂的技术性考虑应用于私利之追求的诸种政策)真的比更为理想主义的政策更有希望得到专家的客观评估并达成共识这一点即便是真的,也不能证明我们在采纳实用政策而不采纳理想主义的政策时有更为客观和坚实的依据。一旦我们采纳了实用政策,我们可能有更为客观的依据来操作它们,也就是有更为客观的依据决定下一步怎么做,但是,在涉及是否我们应该做这种事情的问题上,我们绝不会因此而拥有更为客观的根据。有技术精湛的专家相伴,我们只是在操作时感到更轻松罢了。

因此,即使主观主义坚持道德与科学之间

令人不安的反差,它仍然没有在逻辑上承诺产生任何实践的后果。它甚至无法产生如下的结论:相比道德信念,我们有更为坚实的辩护去拥有事实信念;或者我们有更加客观的根据去研究事实问题而不是道德问题;或者我们在寻求关于任何事情的真相时拥有客观的辩护;或者我们有客观的根据去试图找到对于现象的科学解释而不是满足于迷信。因为它给我们的东西只是,事实与科学信念是客观的,但"我们应该追求事实或者科学的信念"本身不是事实或者科学信念。

主观主义者可能会很乐意承认这些论点。他所坚持的事实探究和道德思维之间的令人不安的反差并不是关于从事或者追求那些活动的根据的反差,而是那两种活动各自的性质之间的反差,是一个人在从事这两种活动时分别在做什么之间的反差。这个反差尤其关系到从事这些活动的人事实上可能遇到的分歧的性质和限度。因此,在这个核心的方面,让我们进一步考察一下主观主义者对于这个令人不安的反差的说法。

一开始,他可能会说,如果我们从事事实或者科学的探究,那么,事实就在那里,我们一定会达成一些大家都同意的科学或者事实信念;但是,由于我们所从事的是道德思考,即使事实保持不变,我们也不一定能达到道德信念上的共识。这个答案里有一点必须被马上纠正。"如果事实如此,(在关于事实的思考中)我们便一定会达成一些大家都同意的事实信念"这一点当然是错的,因为我们可能永远也认识不到事实。我们最多只可说,如果我们认识到事实是如此这般,那么我们必定会达成共识。但又是同义反复,因为"我们认识到事实是如此这般"已经蕴含了"我们达成了一些大家都同意的事实信念"。也许主观主义者可以这样来改进这个乏味的命题:如果两个观察者处在相同的观察情境之中,拥有相同的概念,并且都不是有缺陷的观察者等等,那么,他们将会达到关于这一情境的相同的事实信念。如果这句话中的"等等"可以负责使得这个论断为真,那么,这个论断几乎肯定必然为真。"好吧,算你对,"那个主观主义者说道,"但是下面这个说法就不会必然为真,事实上根本就不是真的:如果两个观察者处在相同的观察情境之中,拥有相同的概念等等,那么他们就一定会达成相同的道德信念。而这就是[道德探索和事实探索的]差别。"但是,我们可能会说,如果假定他们拥有相同的道德概念(这当然才是公平的对比),我们确定他们一定不会达成相同的道德信念吗?主观主义者会说,即使是那样,人们也不会拥有相同的道德信念,因为,如果他们使用(他们完全可能使用)相当简单的道德概念,比如只使用"一个人应该做什么"这样的概念,那么他们可以对所有的事实达成共识,却仍然在道德方面有分歧。

这是很多坚持事实/价值区分的哲学家的核心立场。他们把不同的道德观描绘成都使用某种共同的、概要的道德概念,并往这种道德概念中加入不同的材料或内容。现在我们要指出,很多道德思想并不依靠那种贫瘠的概念运作,我们通常使用更为复杂的德性概念,以及错误行为的类型等概念来思考,比如,偷窃、懦弱、忠诚,或者某人的职责。拥有这些更为实质性的概念，我们就会在使用相同的概念时有比之前大得多的希望达成道德共识，或者至少，我们可以合理预料到的分歧便不再那么令人紧张。但是，主观主义者将会说，这里存在一个不对称，即在科学或者事实探索的语境中，如果两个观察者拥有不同的概念，他们最终会发现，要么两者的概念事实上是相同的，要么有理由基于预测成功率、解释力等标准而偏爱其中一套而非另一套概念，而在道德中则没有与此类似的情况。

即使我们放弃下面这个幼稚的观点（一些主观主义者在做出事实与价值的区分时持有此观点），即科学"证明"事物的存在，即使我们接受科学所做的只是排除（错误的）假说，并且，有无穷多的假说从未被排除，只是因为它们过于愚蠢而没人想要去检验它们（这是我听希拉里·普特南 [Hilary Putnam] 讲过的一个论点），但仍然存在工作于科学框架内部的人们所必须尊重的排除错误的基本程序，甚至，如果幸运的话，概念分歧都要让步于客观上被接受的标准。然而，对于个人或者群体之间的某些

第四章 主观主义：进一步的想法

道德分歧来说，则没有这样的程序。那个反差，即关于事实与价值的某种反差，依然存在。

可是，为什么不应该有反差？这个可能是与主观主义者一直在争论的哲学家最终转而承认的论点，他可能会说：反差当然存在，道德不仅不同于科学或者事实知识，而且两者也不应该相同，这一点很关键。道德并不旨在如实地反映外部世界，而是要改变它；道德关涉行动、选择、责任的诸多原则。拥有相同智力、相同事实知识等等的人在面对相同情境时可能产生道德分歧，这一事实表明了道德的某种性质，亦即（粗略地说）你不能把道德的责任推卸给外部世界是怎样的。但这并不表明（如主观主义最初似乎要暗示的那样），道德有哪里不对劲。

诸如这样的一些论述（我只是粗略地概述了它）将会表达我称之为给主观主义"解除危险"的计划的结局。在我看来，必须承认，它获得了某种成功。主观主义可能令人担忧的最明显的方式已经被排除了。因此，再次回到我们之前讨论过的漠不关心，"那些试图解除危险的人"可以把某些主观主义的内容安排进下面这个论证:我们发现,当两个在科学或者历史认知能力、感觉和思维能力等方面都相同的人对于某个科学或历史问题产生严重分歧的时候,我们有好的理由让他们停止激烈分歧,并认识到,鉴于他们各自的知识和技能,他们的分歧本身显示,那个问题本身是不确定的。也就是说,对于他们以及第三方来说,理智的做法是悬置判断。有人可能忍不住会认为,同样的事情也应该发生在道德分歧的事例中。但是,这个想法是错误的。它首先依赖于道德和科学知识之间的区分,转而又将两者混同起来。因为,关键的区别在于,道德中的分歧涉及应该做什么,涉及各方对于所发生之事的关心。而且,你一旦看到了这个区别,你同样会看到,理性不可能仅仅因为有人不同意你而要求你停止关心这些事情。

在我看来,这个以及与此相似的诸多论证,的确表明那种解除危险的操作在某些关键的方面获得了成功。但它完全成功了吗?如果答案是肯定的,那么我们在稍早之前因为主观主义

第四章 主观主义：进一步的想法

禁止在道德中而非事实信念中出现某种我们称之为"悬空的立场"而感到不安就是错误的。但我认为，在感到那种不安时我们并没有全错。也许现在我们可以知道这是为什么了。

如果我与某人就某个事实发生分歧，我可能会想："我相信 p，他相信非 p。也许他是对的。"对这一想法自然的理解是，我是在表达怀疑以及信心的某种动摇。我认为"也许他是对的"暗示了，虽然我仍然相信 p，但我没有以前那么坚定了。以这种方式来理解，在道德事例中也可以不费力地找到对应的情形。因为如果[在道德事例中]我认为"也许他是对的"，这也会被自然地理解为表达了信心的动摇。可是现在，在事实分歧的情况中，有一个看着非常相似实则不同的可能想法："虽然我确信 p，但事实仍有可能是非 p"；这个想法就根本不是在表达怀疑，而是提出了一个与个人无关的考虑，即事情的真相完全独立于我的信念。无论我怎么认为，事实是怎样就是怎样。虽然我们并不确切地知道这个想法有什么内容，但除非我们持有最极端的哲学观点，我们确信它有一个内

35

容。并且，这一点试图为主观主义解除危险的人也会同意。但是，即使是被解除了危险之后的主观主义也没有在道德那一边留下与此对应的想法。也就是说，无论是怎样被解除危险，主观主义都不会认为除了类似"我有多么确信？"或者"我猜想有人可能改变我的看法"的意思之外，"我确信种族歧视本质上是错的，但事实可能并非如此"的想法还有其他什么内容。

这样一个反差（我无法在这里对它以及与它有关的反差做合适的探究，而那种探究是需要的）可能会让我们同意一开始介绍的第三个主观主义表达式：不存在伦理事实。但是，试图解除危险的人又一次会说：这只是我已经说过的内容的另一种表达，这个内容对道德无害，并且反而切中了道德的本质关键，因为我已经说过，道德思想本质上是实践的，它并不负责如实地反映外在世界。但是，现在我们可能这样来回应他：你说道德不负责如实地反映外部世界的事实，我们同意这一点。但我们是否同意它根本不反映任何事实呢？这里，我们的不满意之处可能在下面的想法中变得更加清楚：

第四章 主观主义：进一步的想法

就连被解除了危险之后的主观主义都似乎遗漏了什么东西，这是因为我们觉得道德思维好像如实地反映了什么，好像受到限制而遵从着什么，并不是自由创造的。当我们进而发现很多试图给主观主义解除危险的哲学家用智识和意志的区分来表达事实思想与道德思想之间的核心差异，按照我们对某些道德原则的选定来呈现道德责任时，我们就有理由不满意，要么不满意他们，要么（如果他们是对的）不满意道德思想。因为，对自由决定的行动原则的意识当然非常不同于对道德原则的意识，后者毋宁说是某种必须被承认的东西。如果我们被告知，对这个现象只有一个心理学的解释，那么，道德思想中似乎就包含一种欺骗，亦即它向我们呈现得太像某种它所不是的东西了。

这些评论只是指向了[主观主义之所以让我们]不满意的一个中心。它们几乎遗漏了所有需要做的事情，也许不是首先要在道德哲学中做的事情。比如，在刚刚所说的内容中，我们需要区分两个混在一起的观念。一个是实在论的观念，即思想的对象独立于思想而存在，另一

36

个是被限制于某些结论的思想的观念。数学思想拥有后面的属性，然而，我们应该或者能够在多大的范围内用实在论的方式思考数学的对象却是数学哲学中的一个深刻而未决的问题。

现在，我要停止讨论主观主义及其引发的问题，而留下这么一个结论：虽然被解除了危险之后的主观主义并没有让一切保持原样，但相比我们一开始所认为的，它确实把更多的东西留在了原处。然而，如果被解除了危险之后的主观主义是对的，道德就不再是它看起来所是的样子了。但是，我们可能会说，这种欺骗至多辩护了怨恨而非恐慌。然而，我们无论如何都不要忽略这个观念：道德思想和价值创造受到诸多的约束和限制。我们将沿着另一条道路，即通过善好（goodness）的观念再次拜访这些限制。要讨论"善好"，我们将从"好"（good）开始。

第五章 "好"

'GOOD'

第五章 "好"

"好"这个词的使用为对道德哲学中基本议题的很多讨论提供了一个焦点。虽然认为这个词(或者在其他语言中与它意思相近的词)本身能够承载这些议题是错误的,但是,关于它的思考可以为撬动某些基本议题提供一个有用的杠杆。我们将从一些逻辑考虑开始,这些考虑会带我们进入具有更多实质性的道德讨论。

如亚里士多德观察到的,"好"用在很多不同种类的事物上面,而且这些事物实际上属于不同的范畴。虽然当我们把它应用于不同种类的事物时,我们并不表达一样的意思——在这个意义上,使一个将军成为一个好将军的特征不同于使一个医生成为一个好医生的特征——然而,这个词不只是有歧义而已:我们无法对语言进行清理,使之在"好"每一次出现时都能用一个不同的表达来替换它而刚好说出我们用它想要表达的意思。

在当代,有不只一种理论试图提供一种模型来证明"好"其实没有歧义。其中一个这样的尝试来自摩尔(G. E. Moore)。摩尔主张,善好是一种简单的不可定义的属性,在这一点上和黄色类似,但与黄色不同,善好是非自然的(nonnatural),(大概)也就是说,它不是那种其存在或缺乏可以用经验研究的方式来确证的属性,虽然对一件事物经验特征的观察无疑与对好的理解相关(这一点在摩尔的理论中不甚明了)。

除了其明显的神秘而无法解释的特点之外,对于摩尔的说法还有一个逻辑反驳。"好"这个词有一个很重要的特征,那就是,很多时候它是作为一个定语(attributive)而非表语(predicative)形容词出现的(P. T. 吉奇 [P. T. Geach] 已经表达过这种区分)[1]。比如,"黄颜色的"是一个表语形容词,因为一个像

---

[1] P. T. Geach, 'Good and Evil', *Analysis*, Vol. 17 (1956).

第五章 "好"

"那是一只黄颜色的小鸟"

这样的句子可以被分析为

"那是一只小鸟,并且它是黄颜色的"。

同样,我们可以从

"那是一只黄颜色的小鸟"

"鸟是一种动物"

这两句话推断出这么一个结论,即

"那是一种黄颜色的动物"。

但是,

"他是一个好板球运动员"

却不能被分析为

"他是一个板球运动员,并且他很好"。

我们也无法从

"他是一个好板球运动员"

"板球运动员是一个人"

有效地推出

"他是一个好人"。

一个具有后面这种特征的形容词,亦即逻辑地粘附于其所修饰的名词性实词(substantive)的形容词,可被称作定语形容词。或者更确切地说,以如此粘附的方式使用形容词可称为对这个形容词的定语式使用。现在，摩尔在论述中声称，"好"和"黄色"一样表示一种简单的性质，只是"好"表示的性质是非自然的。而且，这至少暗示了（虽然很神秘），"好"作为一个形容词的逻辑用法必须和"黄色"的用法相同。然而事实并非如此。因此，摩尔的论述必须被拒斥，因为其不仅不具有启发性，而且根本上是不对头。

另外一个重要的定语形容词是"真的"（real）。只有当我们可以回答"真的什么？"这个问题时，关于某事是真的的论断才能被理解。艺术世界的情形能表明这一点。收藏家对某些赝品作者的作品感兴趣，这样，对人们来说伪造赝品便有利可图，因此便会出现这样的问题：这幅画是否真的是范米格伦（Van Meegeren）的作品，虽然所有人都知道它绝不是维米尔（Vermeer）的真迹？[1]

然而，如果我们要理解"好"的话，就

---

[1] 范米格伦模仿维米尔的作品，所以他的作品可称为赝品，但即使大家都知道他的作品是赝品，仍然无法否认其艺术价值。因此，问一幅赝品是不是真的由范米格伦所作仍然是有意义的。——译者注

需要对定语词性（attributiveness）的特点进行更深一步的探究。通过测试，我们知道"大"（large）是一个定语形容词，因此没有有效的推理可以从

(a) 这是一只大老鼠
(b) 老鼠是一种动物

推导出

(c) 这是一种大动物。

对于这个推理之所以失败以及"大"之所以为定语的解释是很清楚的，亦即，"大"是一个以比较为依据的词，因而"这是一只大老鼠"的意思好像是说"这是一只比大多数老鼠都大的老鼠"。通过类似的分析，结论 (c) 的意思便是"这是一种比多数动物都大的动物"，这样我们就能看出为什么这个推理失败了。根据这种比较的分析，可以明显地从这些前提中推出的是

(d) 这是一种比多数老鼠都大的动物

这个结论确实是有效的。

"好"的定语词性可以用同样的方式解释吗？不可能所有的定语词性都可以被如此解释，[比如]一幅真的范米格伦作品不是一幅比多数范米格伦作品更真的作品。但是，下面的提议似乎更合理，即"好"在"好F"中是作定语使用的，因为"好F"的意思类似于"比多数F好"。然而进一步的考虑表明，这个提议也行不通。我们刚刚看到，根据对"大"的比较分析，我们可以从前提(a)和(b)推出结论(d)。如果"好"由于以比较为依据而是定语形容词的话，那么，同样地，我们就可以从

他是一个好板球运动员
板球运动员是一个人

推出

他是一个比多数板球运动员都好的人

但是这个结论无法推出,而且它和先前的结论(即"他是一个好人")一样会引起异议。应该只有类似下面的结论才更容易接受:

> 他是一个比多数板球运动员都更擅长打板球的人(或者,他是一个比多数板球运动员都更优秀的板球运动员)。

即使是这个结论都是可疑的,因为下面这个想法中似乎并不包含矛盾,即板球运动的发展如此繁荣,以至于多数板球运动员都是非常优秀的。如果这是可能的话,以类似当前的形式进行的[对"好"的]比较分析就完全失效了。除此之外,比较分析无论如何也未能使"好"与其所修饰的名词相脱离。在上面的结论中,那种联系依然存在,只是现在"好"处在比较的形式中。因此,较之像"大"那种仅仅是以比较为依据的形容词来说,"好"的定语词性要求与其修饰的名词有更加紧密的联系。

由于"好"在这种结构中与其所修饰的名词紧密相连,短语"一个好的x"的意思必须

42

被当作整体看待,并且它的意思部分地被填入"x"的内容所决定。但我们能够进一步说,在这种形式的短语中,整体的意思本质上由占据"x"位置的东西的意思决定吗?在很多情况中,看起来好像我们可以迈出这一步。因为如果我们考虑对人工制品的功能描述,例如"钟表"或者"罐头刀",或者考虑指向他们的角色或者工作或者技术活动的对人的描述,例如"花匠""将军"或者"板球运动员",似乎确实可以说,如果一个人理解这些表达(亦即,至少在一个很强的意义上,一个人理解[比如]罐头刀是什么或者将军是做什么的),那么他就在一定限度内拥有对好的那类事物是什么的理解。

这种理解可能处于一个非常概括和抽象的层次,在这种宽广而抽象的框架之内,会有很大的空间产生分歧以及关于各种优点的复杂比较。尤其是,关于人类活动的哪些方面在评价中应该具有何种份量的各种观点会存在差异或产生变化。因此,不同的人或者不同的时代可能对下面这个问题有不同的观点:以最少的人员牺牲来获得胜利对于一个好的将军来说到底有多重要？然而，在某些事例中，对于 x 是什么的理解确实包含着对于说某物是一个好 x 是否合适的标准的一般性理解：我们无法自由地创造关于善好的标准。这种情况最清楚的事例当然莫过于对人工制品的技术描述。如果某人走进一个造飞机的工厂，指着一个事实上有设计或制造缺陷的被废弃的样品说"这是一架好机翼"，他就犯了一个错误。如果他之后解释，自己之所以这么说是因为样品的造型或者打磨光亮的表面令他喜欢，那也于事无补，因为他说的这些并不是一个好机翼的标准，虽然它们可能适用于对于这块金属的其他类型的评价，比如作为一个审美的对象来评价。（这一点再次表明事物归入何种概念被评价这个问题的重要性。）

在当代哲学中有一个强大的传统，此传统抵制这样一种观点：价值的标准，亦即使得某物在其所属种类中成为好的那类事物的东西，可以由事实或者概念真理逻辑地决定。这也是我们之前提到的事实与价值区分的核心应用。摩尔有力地支持了这种抵制，他发明了"自然主义谬误"（the naturalistic fallacy）这个短语来指称一种错误。据说，任何观点只要认为一个东西的善好（goodness）可以等同于某套经验的或者实际上是形而上学的特质，那么它就犯了这种错误。对照摩尔自己的观点，这种错误昭然若揭，因为他认为善好是一种非自然的属性。然而，我们已经看到，他的观点在其可以被理解的范围内只是一个悲哀的错误。但很多承认摩尔的观点是个错误的现代哲学家却同意"自然主义谬误"是一个真正且重要的谬误，而且，他们对它的性质给出了一个新的解释。粗略地讲，这种解释是这样的：像"那是一个好 x"这种形式的陈述，其功能是指令（prescribe）或推荐，抑或是在规范或评价的一般领域完成这样的语言目的，而仅仅描述 x 的诸特征并不能完成这样的目的；并且，没有任何无法完成这种目的的陈述可以逻辑地蕴含（entail）任何可以完成此目的的陈述。简单地说，指令、推荐等等是要去做事实本身无法让我们去做的事。如果某些特质能够让我们作为赞同的根据，我们必须拥有某种赞同那些特质的评价或者指令态度。

仅仅了解关于世界的事实或者理解诸多概念本身并不足以产生那种态度。

对于这种立场的完整评估要求对语言哲学中的一个重要而正在发展的领域进行探究,这个领域就是"言语行为"(speech-act)理论,亦即关于我们通过说话可以做的各种事情的理论。可是这将远远超出本书所要讨论的内容。我在这里简要地提出三点:第一,在诸如推荐和指令的言语行为与诸如"这是一个好 x"的句子的意义之间没有任何简单的联系。至多,只有当那些句子事实上被断言(asserted)时,说出那些句子才会构成推荐等行动。但是,不管被断言与否,那个句子都有相同的意义。因此,我们理解在"如果这是一部好电影,它将会赢得一座奥斯卡奖杯"中的"这是一部好电影"这句话,但在这一语境中它并未被断言,因而没有真实的推荐行为发生。[1] 所以,意义与推荐行为间的联系至少肯定是间接的。

---

[1] 参见 J. R. Searle, 'Meaning and Speech-Acts', *Philosophical Review*, Vol. 71 (1962),以及 *Speech Acts* (Cambridge University Press, 1969),第六章。

第二点，那种理论似乎太急于预设推荐之类的功能和描述的功能是互相排斥的。但是，同一句话可能一次承担很多言语行为：如果我说"明天可能有雨"，我可能同时在描述明天的天气，做出一个预测，给你一个警告，等等。而且，在说出某句话的时候，我是否确实在完成这些言语行为中的某一个，这个问题可能由我说的话连同所处情境的诸多事实来决定。因此，如果我说"冰很薄"，毫无疑问，我对冰做了一个描述，但考虑到你的利益和目的，我也可能做了一件算作警告你的事情。与此类似（虽然并不完全类似），如果我在描述这只钟表时说，它走时很准，不需要上发条，从来没出过故障，等等，那么，我大致已经在把它作为一只好钟表来推荐，而且这完全独立于我个人关于钟表的选择标准。当然，关于这只钟表的诸事实以及钟表的一般性质本身并不会使我说话，我可能保持沉默，但是它们决定了，如果我在这些方面对这只钟表给出了一个真实的描述，那么，我就做了一件会被归入推荐或者正面评价这只钟表的事。

前面这点把我们带到第三个考虑。像推荐这样的活动本质上是公开的（overt）活动，与真实的言说相联系。这就是为什么我说对它们的研究属于言语行为理论的范围。可是，如果仅仅处在言语行为的层次，我们就不可能对包含"好"的句子做出恰当的说明。因为我可能仅仅认为、相信，或者推论出某个东西在其所属的种类中是好的，而根本不说出任何有这种含义的话。比如，由于讨厌布洛格斯（Bloggs），我可能小心翼翼地不让自己对他作为一个板球运动员的表现做出任何正面的评价，也就是说，我不去推荐他或者不去做任何此类的事情，但是，在我的内心里，我可能不得不承认他是一个优秀的板球运动员。一个恰当的说明必须为这种承认留出空间。

这些极度概略的考虑可能会标示出在拒斥"自然主义谬误"的修改版本中存在的一些困难。事实上，我认为，作为一个关于"好"的运作方式的一般学说，与之相随的事实与价值的严格区分是错误的。看起来清楚的是，对于很多可以填入"那是一个好 x"中的"x"的内容来说，对于 x 是什么或者 x 用来做什么的理解以及关于这个 x 的事实知识（即关于 x 的概念信息和事实信息的组合）足以让一个人至少大致决定那个判断的真假。这个当然是客观性。然而，是不是对所有填入"x"的内容来说都是这样呢？当我们考虑这个问题的时候，我们发现在一些事例中问题要困难得多，并且，在那里，事实／价值的区分，或者与之类似的东西有更坚实的根据：在那里，一些关于价值的更深的考虑出现了。很多当代哲学作为关于"好"的运作的一般逻辑学说而呈现的东西，可能只有被视为一个受到更多限制的而非纯逻辑的学说时才有其趣味，这种学说关注的是在某些具体描述下的事物的善好，尤其是人的善好。

第六章　善好与角色

GOODNESS AND ROLES

第六章 善好与角色

考虑这样一个表达:"一个好父亲"。[1] 虽然何种标准与这个表达相配大体上是比较清楚的,但是,我们根本不清楚对这些标准的理解是否包含在对怎样做一个父亲的理解中。这不仅是因为做一个好父亲这一观念包含对某些社会习俗的指涉。理解"板球运动员"或者"银行职员"同样涉及社会习俗,需要知道银行职员是干什么的就要了解很多关于社会结构的信息,而银行职员的角色是通过相关的社会结构来界定的。但当我以此种方式理解了银行职员的角色,我也就大概知道为了能被称为好的银行职员,一个人必须要做一些什么事了。这和好父亲的观念的区别是,看起来一个人可以拥有相当清楚的关于父亲身份的概念,而这本身不会

---

[1] G. Cohen, 'Beliefs and Roles', *Proceedings of the Aristotelian Society*, Vol. 67 (1966-7).

引导他理解使得某人成为一个好父亲的诸种东西。对于这个区别的解释部分地在于这一事实，即我们可以不掌握诸多评价标准而理解的父亲观念仅仅是一种生物学上的关系，但一个好父亲的观念中蕴含的绝不仅仅是那个生物的观念。如果我们只有作为生殖者的父亲观念，我们甚至不清楚叫某个人"好父亲"是什么意思，除非我们的意思是他擅长成为父亲。

仅仅引入例如婚姻这样的社会制度作参考，也并不必然使我们向评价的观念迈进。"小舅子"是一种定义明确的亲属关系，并且包含对婚姻的指涉，但是做一个好小舅子的观念在我们的社会中却缺乏内容。"一个好父亲"的内容被生物关系连同某些责任一起决定，在我们这样的社会中，这些责任被归于处在那种生物关系中的人。只有存在这样的责任，我们才可以说"父亲"指的不仅仅是一种生物关系，而是一种角色。并且，在特殊情况下，这种角色还可以由并不处于那种生物关系中的人来扮演，例如一个人可以成为孤儿的父亲。于是，"父亲"同"银行职员"的区别就出现了：不包含对诸多责任的指涉就没有"银行职员"的概念,这个词所指称的角色只有通过其与社会制度的关系才能被解释,是那些社会制度赋予了处在那个角色中的人某种功能和责任。而在父亲的角色概念之下,还有一个作为纯粹自然关系的更受限制的父亲概念,并且,在我们这样的社会中,那种自然关系被当作父亲这种角色的基础。

如果一个人是狂热的板球手并可能已经跻身职业板球运动员之列,那么很明显,他作为一个板球运动员的表现以及专业人士对其表现的评价,于他而言就很重要。如果他表现得很差,他就失败了。同样明显的是,一个逢周日下午才在板球场有节制地玩一玩的人不会那么在乎自己的表现,他是个糟糕的板球手这个明显的事实对他来说一点也不重要。他可能会说,他不是板球运动员,只是一个偶尔打打板球的人。一个心不在焉、只是勉强做完份内工作的银行职员,可能以一种非常不同的方式同样把自己从争取[在银行业务中做出]好表现的活动中脱离出来。他可能讨厌银行,鄙视银行业务,只关心他的朋友和种菊花。他把银行的工作仅视为谋生的手段，在任何重要的意义上，他都不把自己当作一个银行职员。但是，他无法说自己（真的）不是一个银行职员，或者，如果他真的这么说了，他可能处在陷入幻想的危险中。因为不管他喜不喜欢，事实上他生活的太多部分都与他所拥有的这个银行职员角色关系密切。在银行里他会遭遇到上司的负面评价，会感到缺乏上司的尊重，虽然他可能成功地让自己不在乎这些，但是，无论如何他都不能（像那个偶尔打板球的人那样）把那些负面态度斥为是基于误解而满不在乎。他工作的合同关系让他到了这个位置上，在这位置上他肯定能料想到这些态度。虽然他可能在这种情形中（也许通过反讽）达到某种平衡，但这不是一个令人开心的情形。一旦有了钱，他就会（在不需要太多勇气的情况下）辞职，摆脱他银行职员的角色。

相比这些简单的事例，还有另一种情况，即被强制服役的士兵。他的生活很可能比那个银行职员更悲惨，因为其中可能包含一种更加

第六章 善好与角色

不安和模棱两可的心理状态。比如，他根本不确定，作为一个士兵，他是否应该争取达到士兵应有的好表现。但是，如果他直接认为"士兵"的头衔之所以应用于他只是因为外部的强制，那么，他的心理状态就会简单得多。他根本不会在乎那个头衔所包含的评价标准，而将其上级的敌意仅仅视为与迫使他参军的力量一样空洞的外部强力，并且，他觉得之所以要履行职责，仅仅是出于对惩罚的恐惧。这种直接了当的态度可能是以某种绝望为代价换来的，因为它很自然地会伴随一种感受（就像在《第二十二条军规》中所描述的那样）：残酷的事实是，整个环境都很疯狂。

在另外一些情况中，一个人可能使自己摆脱他之前全心全意或者未假思索而认同的角色及其评价标准，原因是他无法让自己去做那个角色期待他去完成的一些事。在有利的环境中，他也许可以请辞。如果不可能请辞，他可能感到需要以另外的方式避免去做他的角色要求他做的事情，在极端的政治事例中，可能通过隐秘的不服从和颠覆活动。据说，在战争期间有一些惊骇于希特勒的诸多政策的德国将军，他们长时间抑制自己而不去反抗希特勒，是考虑到他们作为德意志国防军（Wehrmacht）的军官所立下的服从元首的誓言。处在此情境之外的人可能会问，如何能够认为用来效忠一个后来变成那样并且以那些残暴手段统治的人[1]的誓言与一个人作为一个德国军官的诸多职责密不可分。这不仅是把誓言视为神圣的，而是把誓言视为拥有魔力。但是，假设德国军官的诸多职责中确定包含遵守誓言这一项，那么，那些将军需要形成这样一个观念——即使违背他们作为一个德国军官的职责也必须要做的事情的观念。也就是说，他们这时不再是因为德国军官的头衔或者角色而必须行动。而且，看起来，他们中的一些人发现很难去形成这样一个观念。对于那些人来说，"德国军官"不只是他们的一个身份，而是他们的全部。

这些概述的事例旨在表明人们将自己脱离其所担负的角色的几种方式，那些角色为他

---

1 即希特勒。——译者注

第六章 善好与角色

们的活动带来某些种类的评价标准。在不同的事例中，这种脱离可能是可辩护的或不可辩护的，可能是崇高的或卑鄙的，可能是审慎的或者相反。但是，在每一个事例中，这种脱离都是可理解的，可以理解一个人如何形成这样一个自己与他（现在的、过去的或者设想自己拥有）的角色之间的连贯图景，在其中，他不允许那个角色的标准成为评价其人生成败或者优劣的最终的、基础性的或者重要的标准。那么在我看来，这种可能性极大地制约着我们已经留意到的一个事实，那个事实便是，各种各样的头衔和角色在概念上承载着对处在那些头衔之下的人的显著评价标准，如同对人工制品的描述可以带来对那些人工制品的评价标准一样。虽然评价标准可以以这种方式与头衔逻辑地相结合，但是人不会和头衔逻辑地相结合，因此，那些标准也不会与人逻辑地相结合。对于一个既定头衔以及自己与此头衔的关系有了意识，人便有可能拒绝让那些评价标准成为他人生的决定因素。

从这些可能性中无法推出这样的结论：如

果某个人被动的、未经反思的人生被某种他视为理所当然的角色所塑造,那么事实上,他肯定选择了那个角色,就像萨特(以上的表述反映了他的一些忧虑)在他经典存在主义时期似乎认为的那样。因此,他将这种未经反思的状态描述为一种自欺(bad faith)的状态。而这至少要求每个人都有反思和选择的机会,并且这个机会既被认识到又被放弃。但是,即便是这第一步,亦即反思和选择的真正可能性,对于处在某种社会和心理状态下的人来说都是一种奢望。萨特的观点与其极度非经验的自由概念相联系,这种自由概念也可以帮助解释其思想中的一个模糊之处,即人既没有本质,又有一个本质叫自由。

如果由于某种必然性,一个人无法不拥有也无法脱离某个头衔或角色以及与其必然相连的评价标准,那么,就会有某些标准必须被他确认为人生的决定因素,否则他至少是缺乏任何对自己身份的意识。当然有一个"头衔"(我们有好的理由在这里不用"角色"一词)是必然无法剥离的,那就是"人"这个头衔本身。

第六章 善好与角色

因此,"人"的概念本身是否提供了作为人的卓越和评价的诸标准便成为一个核心的问题,因为如果答案是肯定的,那么,似乎那些标准必然是我们的标准。

众所周知,有一些哲学理论确实这么认为:要么通过直接思考"人的概念",要么更为间接地,通过思考关于人是什么的一些所谓必然真理,一个人就可以达到对于一个好人肯定是什么样子的理解。

这样的哲学可以至少被初步地分为两类:一类求助于超验(transcendental),即诉诸在人类生活和经验世界之外的某种人类生活的框架,另一类则不求助于超验。我们可以从非超验的类型开始,之后再讨论一个超验类型的(实际是宗教的)例子。

第七章　道德标准与人之为人的标志

MORAL STANDARDS AND THE DISTINGUISHING MARK OF MAN

第七章　道德标准与人之为人的标志

在亚里士多德的哲学中可以找到非超验类型的一个范本。在亚里士多德看来,有一些特征,尤其是一些活动和能力为人类所独有,并且,一个好人的生活会最充分地表现那些能力和活动的发展。或者,更精确地说,有一种人类独有的特征,也就是根据理性来塑造自己的行为和性情(dispositions)的能力,在好人那里将会表现到最高的程度。而人类其他的潜能将会在理性的安排下以一种平衡的方式得以实现,而不是每一种潜能都达到极致。实践理性据说可以让(作为人类必须)生活在社会中的个体所拥有的诸多欲望保持协调,并减少其中的冲突。减少欲望之间的冲突,同时不过分压抑欲望,这一目标部分地赋予了下面这个主张以明确的内容:在亚里士多德的体系中所描绘的那种生活的目的便是幸福。

在亚里士多德那里，诸多欲望保持和谐，实践理性确保这种和谐。两者的重要性以一种间接的方式表现在他理论的一个显著失败之中，即在处理关于调和（reconciliation）问题上的失败。用他自己的话来讲，这个问题肯定是重要的。到目前为止，我们提到的"理性"都是实践理性，它应用于具体的行为和欲望之上，并且，它是被亚里士多德（或者不如说是他的翻译者们）称为"品格的德性"（virtues of character）的东西的基础。而品格的德性就是那些倾向于正确行动的性情，并且那些性情包含了快乐和痛苦的诸多动机。与实践理性相对，还有理论理性，也就是正确思考科学和哲学的抽象问题的能力，而且，亚里士多德有意将之视为人性的更高表达。相应地，人类生活的最卓越形式就是一个人以相当的程度投身于智识探索。他明确表示，因为人是人而不是神，他不可能将生命只投入于理论理性的事业，而还必然要过一种必须依赖品格德性的生活。

然而，亚里士多德没有（他的理论体系也无法）为智识活动（也就是他所认为的人性的最高表达）如何与品格德性所规范的公民活动相关联提供任何说明。实践智慧没有延伸那么远，从而无法在哲学思考或者科学研究与做一个好公民或者好父亲等等之间插入一个"中道"（mean）。亚里士多德体系中的一个显著且令人好奇的特征便是，人类的最高潜能明确地与其他潜能竞争表达，但是对于这种竞争如何被规范却没有一个连贯的说明。

这是亚里士多德方案中的一个弱点，他试图通过诉诸人之为人的标志，即人的智力和理性思考的能力而从人性中求得关于人的善好的结论。以下的方式会把这个弱点看得很清楚：智力的纯粹或者创造性的方面似乎是其最高的表现形式，然而，一个完全致力于表现智力的这些方面的理想会被排除，而一个不那么彻底的理想也不会被呈现为实践思考会理性地达到的东西。亚里士多德体系中的这个弱点为一个更加普遍的问题提供了一个模型，此问题或许可称为"高更问题"（Gauguin problem），只是，要排除这个标签所引入的关于自我表达的要求所带有的那种相当特别且富有浪漫主义情调的内涵。一个道德家如果想要把人类正确生活的观念奠基于关于人所独具的高级能力的诸种考虑之上，他就无法忽视在艺术或者科学领域富有创造力的天才们的要求，而科学与艺术正是人类高级能力的杰出产物。可是他会发现，很难从此类天才的发展与表达的理想中得出很多属于道德的德性和承担（commitments），两者甚至难以调和。有些道德德性或者承担固然平淡无奇，但大多数德性或者承担都对一个人同其他人之间的关系提出了诸多要求，而那些要求非常不同于从事创造性工作的要求。

必须承认，柏拉图极其清晰地看到了这个问题的一半。除用于庆贺的艺术之外，他把所有的艺术形式都从他的理想国（此国家正是被设计来以实现道德的制度化）中驱逐出去。这一著名的驱逐一是因为他将艺术严肃对待，二是因为他还非常正确地看到，富有创造力的艺术家的生活连同体现在其创造活动中的自由探索对公众的诸多影响，很可能会抵制充分道德化了的社会所产生的维稳要求。我们当然可以拒绝柏拉图所选择的解决之道，但是，可以肯定的是，他正确地把下面两者看作两个替代选项：一个是被保护起来以防道德和社会变革的社会，另一个则是允许通过艺术而进行自由创造和探索的社会。之所以说他只看到了这个问题的一半，是因为他确实允许创造性的智识活动，事实上，他使智识活动成为统治阶层的主要活动。因此，人们可能想知道，这是否会证明，长期来看智识探索中的创造性与他所追求的那种稳定之间有更多的相容性。（看起来他欣赏雅典在智识上的成就，同时憎恶其政治和道德上的无序，他钦佩斯巴达的政治稳定而对它无智的穷兵黩武表示遗憾。当然，他肯定也曾问过，这些特质如此这般的分配是否只是一个巧合。）部分原因在于，柏拉图主要用发现来理解我们所说的"创造性活动"：在他看来，哲学活动内在地由先验的道德真理所约束，而这些道德真理是等待被发现的。如果我们拒斥对于道德哲学的这种理解，并且进一步承认，在自然科学中有不可消除的创造性元素，那么，那些智识活动看起来就不太可能自然地存在于柏拉图为它们提供的那种环境之中。

我并不是说，科学探究这种活动本身要求或者预设了从事这种活动的人将拥有与威权主义的（authoritarian）社会环境相对立的自由与人道的价值（在我看来，这种说法高傲而无意义）。近来的经验表明，这些探究最多只会在科学环境内部预设某种自由主义。这种自由主义可以与对很多人道考虑犬儒式的漠不关心共存，而那些人道考虑涉及（比如）如何利用科学发现或者支持研究的资金来源问题。但这本身只是道德要求与人类对创造力和智识之渴求的自由发展发生冲突的另一个例证。对于我们来说，这么讲已经太迟了：由于自然科学明显构成了人类的最高成就之一，它的发展无法阻挡而必须被道德许可。我们如果这么想，那就太乐观了，就像柏拉图认为对那些活动的追求可以与道德化了的社会所必须拥有的社会管制和反自由主义共存一样。

以上阐明了对亚里士多德宏大计划的一个相当核心的批评，这个计划将智识（看似合理地）挑选为人之为人的标志，下一步程序便试图从人性的标志中得出无可置疑的道德目的或者道德理想。对于这一程序还有一些更为一般性的批评,我们在这里提三个。第一,很明显,某种程度的评价已经进入对人之为人的标志的选择之中,这才使得理性或者创造性被赋予人类独特标志的角色。如果一个人不带任何先入之见地去考虑什么是人区别于其他动物的特质这个问题,他可能最后会(依据相关原则)得出诸如此类的一种道德:规劝人们尽可能地把时间花在生火上面,或者把时间花在发展人类独有的生理特征上面,或尽可能不分季节地交配,或者尽可能地破坏环境并扰乱自然的平衡,或者为了取乐而杀戮。

第二,很基本地,亚里士多德的这种路径证实了人类独有的特质在道德上的模棱两可(虽然亚里士多德也注意到了这一点,但他的处理并不是很成功)。因为,如果运用智力和工具来改善他的环境是人类的一个标志的话,那么用智力来让自己随心所欲、用工具来毁灭他人同样也是人类的标志。如果"对自己作为众生之一员拥有概念化的和充分的意识,并且意识到其他众生也有和自己类似的感受"是人的一个标志的话，这不仅是仁慈的先决条件，（正如尼采所指出的那样）也是残忍的先决条件：一个熟练老道的虐待狂并不那么像其他的动物，而是更像一个拥有自然情感的人。如果我们将"像个人一样!"这句老话作为最高的道德命令，设想从字面上理解这句话的多种方式将会是很可怕的。

这里，我们似乎遇到了真正的自由维度，即自由地使用或者忽视自然的禀赋，及以这样或者那样的方式使用自然禀赋：这是一种肯定会挣脱亚里士多德宏大计划之束缚的自由。这种自由本身也不能作为人之为人的标志再次成为那个计划的基础。因为这种自由因其本性之故而无法确定地决定任何一种生活方式。由于其思想中的那个我们已经提及的含混之处，萨特也许拥有同样的想法。有人可能会说：如果有一种独特的生活方式能够"实现自由"，那么，仍然必定会存在一种拒斥那种生活方式的自由。

第三，如果我们再回到那个将理性作为人的标志的特殊案例，就会在其中发现一种倾向，即它要获得一种摩尼教式的（Manichean）训练，并且强调关于理性自制的诸种德性而不惜以所有其他德性为代价。没有理由认为得出这样一种观念是不可避免的。撇开其他不谈，这种观念包含了一种错误且不近人情的看法，即激情本身只是盲目的因果力量或者仅属于动物的特征。事实上，无可救药地坠入爱河和理性地认可某人的道德性情一样都是人之为人的条件。但是，顺着目前的方向，很容易看出为什么摩尼教具有吸引力。如果理性和前后一贯的思维是更受偏爱的人类标志，那么，即使承认作为整体的人类也拥有激情，"理性思维拥有统驭激情的至上权威"也可能成为一个无可置疑的观念。尤其是当我们想到：很明显，获得那样的理性控制是成长的基本条件，甚至在极端状况下，那种控制还是精神健全的基本条件。然而，从基本条件到下面这个理想的迈进则似乎是荒谬的：将理性的克制视为至上理想，而先验地排除大多数形式的天然自发性（spontaneity）。

所有这些考虑都表明，将道德奠基于一个

从人性特有的标志而得出的好人概念之上的尝试很可能会失败。我当然不是认为，关于人性、人是什么或者关于人生活于社会之中是怎么一回事的思考不会帮助我们形成关于道德的正确观点。这些思考当然会有帮助，没有这些考虑一个人根本不会拥有任何关于道德的观念。尤其是，它们有助于划定可被视为道德的可能内容的界限。同样明显的是，关于人性的不同观点（比如，某种精神分析的观点）肯定会对一个人所持有的对于特定道德要求和规范的看法产生不同的影响。不只是科学的或者半科学的（semi-scientific）观点肯定会有这种影响，心灵哲学中的观点也会有。因此，一种合适的对于情感本性的哲学理解，会对摩尼教式的情感管理观点起到阻拦作用，而且，关于被称为"意志"的东西之本性的哲学思考，事实上，是关于意志之存在的哲学思考，肯定会对一些道德有直接的影响，那些道德在意志的运作（比如反抗欲望的运作）中找到关于道德价值的关键线索。

虽然所有这些都是对的，虽然对于可被有

意义地视为人类道德系统的东西存在非常明确的限制，但没有一条直接的道路可以从关于人性的考虑中推出一种唯一的道德或者道德理想。如果人可以成为的东西或者只有人可以成为的东西变得更少，如果人类可以有意义地赋予价值的所有品格、性情倾向、社会安排以及事态（在其充分发展时）都彼此融贯，那么，一切都会变得更加简单。但事实并非如此，而且，有好的理由认为事实不是如此，这个理由本身就来自关于人性的考虑。

第八章　上帝、道德与审慎

GOD, MORALITY, AND PRUDENCE

第八章　上帝、道德与审慎

不久前，我们把试图从关于人性的诸多考虑中得出一种好人观念的观点分成了两类：一类把人置于超验的框架中，另一类则没有。我们刚刚讨论了第二类，现在转而看一看第一类的一个例子。在此过程中，讨论一个离开当前议题来看也很重要的问题将会是有益的，这个问题便是道德与审慎（prudential）之间的关系。

第一类理论的首要特征是，它试图通过超验的框架提供关于人是为何而生的某种答案：如果人适当地理解了自己在世间万物之基本安排中的角色，那么他就会发现有一些他应该去实现的、属于他的某种目的。这种观点的典型形式便是这样的一个信念，即上帝造人，并且对人有某些期望。

这种观点的一个核心困难在于这样一个问题：上帝的哪些属性能够为"我们应该满足他

的期望"这一主张辩护。如果答案是他的权能，或者只是他创造了我们这一事实，那么，与人类君主或者父亲的类比（这种类比在这一语境下经常被使用）会让我们意识到，存在很多不应该服从的君主和父亲。如果有人进一步争辩说，上帝有无限的权能并且创造了一切，那么，我们会指出，无限的王权和创造者身份似乎并不明显更值得服从，而只是更难不服从罢了。如果接着有人说，除了这些另外的属性，上帝还是善的，那么紧随其后的批评（如同来自康德的批评一样）便是，这已经包含了一种对于何为值得敬佩何为有价值的认识，而这种认识正是要诉诸上帝来保证的。

这些非常熟悉的论证可能被当作对以下想法的攻击：一个人可能从他作为上帝造物的诸种描述中纯粹演绎地和先验地推出要求他去过的生活。在我看来，这些论证成功驳倒了这个想法。但是，这样的论证往往有一个更大的野心，也就是要表明即使上帝的存在被确立起来，这一事实在原则上并不能给道德行为提供任何可接受的或者合适的动机，而这种动机是必需

第八章　上帝、道德与审慎

的。那些论证在扮演这种角色时也被非常广泛地接受，以至于下面这一点在实践中成为哲学家们的老生常谈：对于一个头脑清楚的思考道德问题的人来说，即使上帝真的存在，道德状况也不会因此有任何改变。这种观点的起源可以追溯到柏拉图《游叙弗伦篇》中的一个著名讨论，但其现代形式则主要归功于康德。它基于一些预设，而这些关于道德动机的本质在其纯粹性的预设，在康德那里获得了清晰的表述。这些预设在很多道德思想中都很流行，并且，它们的影响及重要性远远超出了我们正在讨论的宗教道德的议题。但它们在非常重要的意义上也是错的。

这个论证的最简单形式是这样的：一个人服从上帝道德指示的动机要么是道德的动机，要么不是。如果是，那么这个人已经拥有了道德的动机，而引入上帝并没有增添任何东西。但是，如果它们不是道德的动机，那么，它们就根本不是那种可以适当地激发道德行为的动机，尤其它们可能是审慎的动机。某些福音传道者（不论其相信与否）用地狱之火最为粗糙地表现了这个可能性。但是,被审慎考虑所激发的不可能是真正的道德行为。真正的道德行为必须被"这是道德上正确的"这样的考虑所激发,而不容许任何其他的考虑。因此,综上所述,我们便得到这样的结论:在道德动机这方面,任何对上帝的诉诸要么根本没有增添任何东西,要么增添了错误的东西。

这种类型的论证对道德和动机提出了两个问题。第一,是否除了道德的或者审慎的动机之外真的没有其他相关类型的动机,也就是说,道德与审慎之间的划分是否穷尽了所有(exhaustive)。第二,是否一种做法或观点可能既是道德的,而同时在某些方面又是审慎的,也就是说,这个划分的两边是否互斥(exclusive)。让我们首先处理第二个问题,把道德的和审慎的完全区分开来对于道德来说是否必要?

这里我们需要做出一些区分。在某个层次上,区分道德的和审慎的对于道德来说当然是必要的。在最基本的层次上,很明显,任何道德都必须把这一区分或者与之类似的区分应用于行动和做法,它必须能够将那些自私的、牺牲他人以获得行动者自身满足或者安全的行为或做法，与那些考虑他人利益的行为或做法区别开来。如果不做出某种这样的区分，就根本没有什么道德考虑了。我们正在讨论的宗教道德，无论其表述有多粗糙，显然在基本的层次上可以注意到这个区分。它会认可世俗世界中的那些考虑他人利益的做法和行动，而反对自私的做法。

然而，有人可能认为，在这种层次上做出的区分本身太过初级，我们需要把这个仅仅对于做法和有意行为的区分扩展为动机之间的区分。因此，如果一个人捐钱给慈善机构只是为了提升他在扶轮社[1]（Rotary Club）的名誉或者只是为了减轻自己的罪恶感，那么，他的行为并不比将那笔钱用来享乐更加道德。（这个例子表明，为何谈论"有意的行为"并把这个问题同动机问题相区分是适当的。那个利己的商人，签了一张支票用以缓解饥荒的行为是有意的，并且他的意图是那笔钱应该用于缓解饥荒。

---

[1] 一种由商人和专业人士组成的社交与慈善组织。——译者注

相对于他在如此行动时的想法来说,如果饥荒因为他的行为而得到缓解,这将不是一个巧合。问题在于,他的动机不是对于缓解饥荒的关心,而是对于他自己的名誉或者宽慰感的关心。)

像很多人那样,如果我们说,如此行动的那个人的行为并不比把钱花在自己身上更道德,这推不出他做的事情不比一个单纯自私的人的所作所为更好。因为饥荒有望因他的行为而得到缓解,这比再买一个组合酒柜与电视机要好。当然,这也推不出我们只是认可那个行动而在任何意义上都不认可那个行动者。因为我们可以说,他有意地做了一件好事,这当然构成了对他的某种认可,虽然这种认可有所限制。据说,问题在于,我们并不在道德上认可他。这么说很有道理,但这一点不能走得太远。因为,如果我们坚持认为,道德地行动必须是出于一个道德的动机而行动,我们很可能被诱导而附加一个看似无害的命题,即从一种道德的视角来看,唯一重要的是人们应该道德地行动,然后(从那些前提正确地)得出结论,在这种道德视角之下,包含利己动机的任何两种情况都是没有区别的,肯定不可能在道德上偏爱其中一个。而这是荒谬的。它的荒谬也许不是逻辑上的,而是道德上的。它认为这世界唯一与道德相关的属性便是它包含了多少"道义"(righteousness),而这是一种清教徒式的道德荒谬。可是,由于那个命题在道德上是荒谬的(或者毋宁说,很明显,将它视为道德的荒谬并不是不连贯的),我们可以推断,它必包含另外某种在逻辑上荒谬的东西,即一种对于道德的看法,根据这种看法,清教徒式的荒谬道德是唯一连贯地站得住脚的道德立场。

那么,"我们并不在道德上认可利己的慈善捐款人"或者"虽然他做了件好事,但他并没有道德地行动"这样的说法有什么意义和内容呢?首先,我们是拿什么动机来与这个人的动机做比较?一些人,例如康德和黑尔(R. M. Hare),强调其与出于原则的行动相区别,后者大概指的是一个人仅仅因为认为某事应该做才去做它。其他人,比如休谟,则强调其与另一种动机的对比,那种动机是,一个人做某事是因为他中立地(disinterestedly)关心其行为所要改变的事态或者关心所牵涉的其他人。暂且不考虑这两种提法的显著不同，它们确实具有相同之处：拥有道德动机去做非利己的事情的人具有做那类事情的性情或者一贯动机，而利己的人没有这样稳定的动机，因为，如果依照其狭隘的简单利己标准，对他人有利的事情对他也有利，这只可能是出于巧合。如休谟所言，这一点肯定关涉我们为什么要选择特定的动机予以道德赞许。我们想要这样的人：他们总体上倾向于愿意将他人的利益与自己的利益同等看待，也愿意在必要时优先考虑他人的利益。

顺便值得一提的是，在这个问题上，休谟强调对他人处境的同情与感受，而不像康德那样强调出于原则而行动。这种看法的（诸多）优势之一便是，它引入了为他人行事与为自己行事的两类理由所具有的一种相似之处。撇开休谟的心理学体系的机械论特点不谈，他的体系能够让下面这个想法在一定程度上讲得通：关心他人的痛苦是关心自己的痛苦的自然延伸。后者事实上是前者的必要条件，并且这样一来，"为什么一个关心他人的人不可以也合理地关心自己"当然也就不成（也不应该成）问题了。然而，在康德的强调之下，这突然成了一个问题，因为康德认为，直截了当地因关心自己的利益而行动便是出于一种与道德完全无关的动机而行动，其实是出于一种与道德相悖的动机而行动。由于我们被吩咐要尽可能增加道德行为的数量，那么，如同事实上所衍生出来的那样，从这种道德概念本身就可以推论出极端的自我否定。在最好的情形下，做自己想做的事情充其量只能算是不受约束地偏离了道德视角，而这种偏离很可能是一种罪过。为了应付这个问题，康德传统（Kantian tradition）搞出了一系列"对自己的义务"（duties to oneself），确立这些义务可以许可一个人拥有道德的理由去做一些他无论如何都想去做的事情。这一可笑的设置只是为了顺应某种更为合理的对于人类生活的看法，并将以下三个观点所带来的令人难堪的后果与之相调和：一、道德的首要关注是动机；二、道德动机是出于原则的动机；三、道德视角必须无所不在。放弃其中任何一个主张都足以避免那些令人难堪的后果，但是，我们有好的理由放弃全部。

离题过后,让我们回到宗教道德家。如上所述,他可以轻松地在道德与审慎之间做出区分,虽然只是初步的区分。我想,我们现在能够看出来,他甚至可以在动机的层面做出一个更加精细的区分。之前已经表明,区分道德与利己动机的一个(也许不是唯一)目的是辨认出让人去做非利己的事情的一般性情。但这种性情肯定会被那个宗教道德家所承认,即使他只拥有一种粗糙的宗教道德。事实上,他的上帝所期望的也许正是,人们应该同情他人的苦难,并因此去做有利他人的事情。因此,拥有这种信念的人,如果他们遵循上帝的意志,他们会出于日常的人类动机而行动,而这些动机本身就会被多数人(康德主义者们除外)视为道德动机。如果这些动机失败了,或者自私的诱惑太强烈,那么,拥有粗糙宗教道德的信仰者会暂时求助于地狱之火,这会增强其行非利己(在世俗意义上的"利己")之事的性情。虽然在这个意义上,他的行为是审慎的,但在那种触及道德概念本质的与道德相对立的审慎的意义上,他的行为并非审慎。其实,有一个特别的理由认为他的行为虽然审慎但并非自私,即根本不存在通过牺牲他人而使自己获得拯救的有效方法。

事实上,把一种审慎与道德之间的穷尽式的对分强加给我们的宗教道德家(或者其他任何人)是非常不现实的。暂且不论休谟描写过的关于同情运作的更为一般的机制,如何看待这样一个人呢:他不惜损害自己的利益而去做有利于他人的事情,原因是他爱那个人,或者,因为他正与他们相爱,或者因为他仰慕他们,尊敬他们,或者他们(毕竟)是他家庭中的成员。在"道德"这个词苛刻的或者纯粹的意义上,所有这些行动理由都不一定是道德的理由。同样,它们也不是审慎的理由。此外,它们也不属于道德哲学有时会容许的第三类动机,即爱好(inclination)的动机,也就是因为喜欢做某事而做它。很明显,这样的例子可以无限地列举下去,可以涵盖数量庞大的两个人之间可以产生的诸种特殊关系。认为"道德"和"审慎"彻底瓜分了一个人可能拥有的所有可辩护的（justifiable）做事动机或者理由，这是道德理论以及费力的道德主义（moralism）的荒唐产物：事实上，它们几乎遗漏了全部重要的东西。确实，在我所列举的那些特殊的或更加具体的动机之外，我们还需要超乎其上的东西，而这正是因为那些动机特殊且具体，尤其是因为我与另一个人可能处在敌对的关系之中，我与他之间没有其他更为友善的特殊关系来阻止我做出毁灭他的行为。因此，我们当然需要一些普遍的动机在这些特殊的动机之上，并对它们起到控制和约束的作用。而最普遍的动机莫过于道德。然而，值得庆幸的是，我们人类并不必须让那些普遍的动机来激发我们做所有值得做的事情。我们的某些高尚行为并不是出自我们爱所有人的动机，那是基督徒的歪曲，我们之所以做出那些行为，只是因为我们爱某个人。

现在，宗教道德家可以认为普遍的道德要求来自一种特殊关系，亦即人与上帝的关系。这种关系可以被表述为爱、敬畏、尊重，或者其他任何可以胜任这一棘手的语义工作的词汇。并且，他会正确地拒绝把在实践的意义上理解的那种关系归入道德或者审慎的范畴。但是我认为,如果他说,这是一种任何了解何为上帝的人都*应该*拥有的对待上帝的态度,那他就要小心了,因为就像康德所坚持认为的那样,这可能使道德再一次先于上帝。他可能不得不转而认为,这是一种任何了解何为上帝的人都必不可免拥有的态度。上帝就是这样的存在,他的话就是会被无可置疑地接受。当然,这个要求本身仍然不够;完全可以在接受此要求的同时认为,上帝是一个不会出错的催眠师。因此,信仰者进而会一如既往地否定上帝是催眠师,而类比说上帝更像一位慈父,等等。我自己怀疑他最终是否能给出一个前后一贯的说明。但这是信仰上帝的困难,而不是因为道德内在的困难所导致的。上面提到的那些论证都试图证明,很多人也都相信,即使上帝存在,这一事实也并不能为遵循道德提供任何特殊的可接受的理由,而我认为这不对。如果上帝存在,很可能就存在特别并可接受的遵循道德的理由。麻烦在于,要尝试更好地表述出那些理由而不是仅满足于粗糙的轮廓,就要遭遇到条理清楚地思考上帝这一不可能办到的事。宗教道德的困难并不来自道德不可避免的纯洁无瑕，而是来自宗教本身无可救药的莫名其妙。

第九章 道德关心什么?

WHAT IS MORALITY ABOUT?

第九章 道德关心什么？

上一章的讨论引领我们进入关于如何界定"道德"以及道德关心什么（what morality is about）这样一些问题。已经有大量的著作在讨论这个话题，它们都试图找到某些可以把道德同非道德区分开来的标准。在其简洁有力的著作《当代道德哲学》[1]（*Contemporary Moral Philosophy*）中，沃诺克（G. J. Warnock）检讨了近来的这些讨论。他正确地强调了这一非同寻常的事实：这种讨论很多好似在真空中进行，为的是寻找一种标准，此标准能够让我们以某一种方式将道德与非道德区分开来，这种方式可能与我们现在做出这个区分的方式有几分相像；但是这些讨论忽略了一个明显更为基本的问题，或没有受到它的引导，这个问题就是为

---

[1] Macmillan, 1967.

什么要做出这个区分？把人类的行为、做法、动机或者理由分为道德的和非道德的两类，有什么重要的意义？前一章的部分论述已经触及了这个问题。

我把沃诺克先生在他的讨论中得出的一个肯定正确的结论接受为前提（事实上，在此之前我已经预设了它）。这个结论便是，任何对于道德的界定，如果有意义的话，必须涉及被描述为"道德的"诸种判断、做法、原则或者任何其他事物本身的内容。不熟悉道德哲学的人可能会感到吃惊：竟然有人会否定这个结论？然而，确实并且经常有人认为，通过一些诸如"道德是彻底普遍化的实践准则"或者"道德是被接受为压倒其他实践准则的实践准则"的考虑，道德观点（较之非道德观点）可以不涉及具体内容而被识别出来。一如既往，这些奇特策略的动机是维护事实与价值之间的区分。因为，假设有人引入对道德内容的指涉，并且说（比如）道德本质上关注的是人类福祉（well-being）。这里所说的"福祉"，本身有具体的内容，而不仅仅指"一个人认为应该发生在人类

第九章 道德关心什么？

身上的任何事情"。如此一来，道德观点的可能范围就会受到事实和逻辑的严重限制，这样就和事实/价值的两分相违背了。对比那些策略的后果，它们的动机并没有使它们更吸引人。

我在这里想要讨论的并不是这个普遍的问题。我想讨论的是我刚刚提到的那个并不完整的标准的诸多优点，也就是"把关心人类福祉作为道德立场的标志"这样一个标准。这个由菲丽帕·福特（P. R. Foot）女士以及其他一些人倡议的观点本身也被沃诺克先生所看好。如果要捍卫这个观点，道德的检验标准必须应用在一个非常广泛的层面上，并且，对"福祉"的诠释也要以一种非常概括的方式来进行，当然也不能过于笼统以至空洞无物。

第一点要说的是，一个人当然不能把那样一个检验标准应用于具体行为的动机之上，并总是得到正确的结果。那个标准说的只是，如果一个人对于诸如做法、制度、性情、动机类型等等这样更为一般的东西的认可要被算作道德认可，那么，他或她必须认为，那些做法、制度等等以某种方式促进了某种人类福祉的实现。第二点则是，为了达到这样的目的，"福祉"当然不能被诠释为仅仅是这些情境中所涉及的人都得到了他们事实上想要得到的东西，也不仅是他们喜欢行为所带来的后果（后者与前者并不必然相同）。因为，有一种观点认为，人们经常想要并且喜欢错误的东西，这一观点当然可以被确认为一种道德立场（尽管功利主义者倾向于认为那是错误的道德立场）。

同样不清楚并且更有争议的是，"福祉"在这里是否可以等同于幸福（happiness）。当然，如果我们（像当代英语所鼓励的那样）认为满足（contentment）是幸福的充分非必要条件，这对我们现在的目的并无帮助。如果满足只维持在一个过低的意识和活动的水平之上，我们必然能够将谴责这种满足的观点视为道德立场（虽然犬儒主义者会认为那些观点是错的）。即便我们打断[幸福和满足之间的]这种连接，并像亚里士多德和密尔那样拒绝把那些满足于某种愚钝的、成瘾的或者被操控状态的人算作幸福的人（尽管密尔在这样做时虽高尚却并不自洽），而坚持一种处于更为积极或者反思层面的幸福,我们仍然不清楚是否得到了那个论点[1]所要求的东西。说"一个人是幸福的",或者,更为常见地,说"他是个幸福的人",这意思当然与他不受苦有一些关系,或者说的是他没受太多苦,再或者,至少是他没有在最重要的方面受苦。因为我们可能认为一个遭受肉体疼痛的人是幸福的,如果他能够抵制绝望、自怜等等负面情绪并保持着对其他事物的兴致和乐趣,并且至少在某些时候,他处于适度快乐(cheerful)的状态。某些古代哲学家所持有的观点在其出现之前、之后及(无疑地)之时就被正确地认为包含某种悖谬,那种观点认为,美德是幸福的充分条件,并且好人在遭受折磨时仍然可能幸福。不过即便幸福与过多或者彻底的痛苦最终不能相容,但是仍可能有拒绝关注幸福的道德观。据记载,在有人提出要将Glücklichkeit(幸福)当做人生的目标时,路德(Luther)猛烈地批评道:"leiden, leiden, Kreuz, Kreuz(苦难……十字架……)。"他这里的观点

---

[1] 即把作为道德立场之标志的福祉等同于幸福这一论点。——译者注

可能是这样的：人的原罪是如此深重，人与上帝的距离是如此遥远，以至于只有一生都对自己以及所有人的罪恶背负清醒的意识和忏悔才可能恰当地回应人的这种处境。毫无疑问，这样一种观点会谴责有助于消除人类最基本痛苦的诸种制度、观念以及生活方式，可能只是偶然地、顺带地许可一下那些减轻宗教性不那么强的痛苦的制度、观念和生活方式。

对于这种观点，有人可能这样来回应：这只表明路德将人类福祉置于别处，置于和上帝的永恒和解之中，而现世的痛苦只是到达彼岸之幸福的手段。因此，幸福仍然是关键，即使是被置于别处的幸福。但是，以我对路德观点的有限理解，这种表述对我来说是对它的根本误读，而且，也可能是对其他一些新教观念的更严重的误读。关键在于，通向与上帝和解的手段并不向人类开放，无法设想能有什么人类计划可以保证与上帝的和解。因为人与上帝之间的差距太大，上帝降下恩典拯救世人的唯一希望在于耶稣。虔诚的人在其绝望的处境中竭尽所能地遵从上帝的意志，并且必须保持对其

第九章 道德关心什么？

处境的清醒意识，这不是为了保证他或者其他任何人获得拯救，拯救至多只是一种奢望。如果他被上帝拒绝，他也不能有任何抱怨。

在我看来，这种新教观点可以被称为一种道德观。很明显，它声称解释了人类的处境及其与应有的行为规范之间的关系，而且它确实从它的观点出发谈及了何为人类幸福的核心。但是，那种幸福看起来是如此的遥远，人类是如此背离它的源头，以至于将这种道德描述为旨在增进人类幸福将会是一种歪曲。毋宁说，它的目标是要让人生在痛苦和遵奉中如实反映人类可憎的处境。这当然是一种与直接处理幸福问题的观点非常不同的观点，但不把它称为道德又似乎不合情理。有人可能会说，与缺乏超验维度的道德相比，拥有超验维度的道德在内容上有更大的逻辑空间及自由。它们的超验图景谈论人类的一般处境和角色的方式，使得某些态度能部分地被理解为一种道德观，而在纯粹世俗的框架中，那些态度是完全晦涩不明的。

然而，甚至在世俗的框架中，我们都可能

找到这样的道德观：对于它们来说，"幸福"同样不能说成是核心的关切。某些浪漫主义的人生观热衷于谈论"自由应对生活"、"坦诚"地接受各种冲动，包括毁灭性的冲动，或者谈论极端经历的重要性。我们不能说，这些观念对人类的幸福拥有一种独特的看法。更有可能的情况是，这些观念并不关心道德的普遍框架，它们关心的是某些个人理想。对于与那样一种理想惺惺相惜的人来说，它提供了一种具有独特意义的人生典范。在这个意义上，这些观念确实进入了道德的领域。但它们并不那么关心社会整体需要什么样的规则、制度、性情等等。这引发了诸多大问题，因为个人理想与普遍的社会规范之间的关系本身就是一个重要的道德议题。

试图非常概略地讨论上面这些议题是愚蠢的，因为要讨论的观念需要被展开并理解到一定的深度，而这些都是我们在这里无法做到的。但是，这样的观念是否真的可能切断与作为人类道德活动之焦点的幸福之间的联系，则似乎仍是一个开放问题。在考虑这个议题时，我认

第九章 道德关心什么？

为我们必须总是要问一个核心的问题，即在多大程度上这种道德观诉诸了某种超验的东西，这种诉诸可能是隐秘的或者只是作为一种残留物。即便没有以宗教道德家那样的方式诉诸超验，亦即，指涉某个存在于人类生活之外、以某种方式为人类规定生活方式的东西，但也可能会诉诸某种客观存在于人类生活之中的东西，这种东西必须被发现，被相信，被跟从。而且，我们对这样做的后果也许一无所知。

如同前一句话所表明的，我在这里说的不是马克思主义道德。马克思主义道德与我们目前的讨论无关，因为它非常直接地以终极的幸福为目标。它设想的那种在资本主义被消灭、剥削被废除之后才出现的人类福祉，虽然可能不仅仅在于人们感到更加幸福，但也肯定包含这种内容。我谈论的对象可以用劳伦斯（D. H. Lawrence）的一句评论来表达："找到你最深层的冲动，并随它而去。"这句话来自劳伦斯对于本杰明·富兰克林（Benjamin Frankin）所得意的道德言论的精彩评述。这一观念的重点在于：存在"一个人最深层的冲动"这样的东西；这里要做的是发现,而非决定;一个人信任所要发现的东西,虽然他不清楚它会将他带向何处。发现、信任、风险,这些元素的组合构成了那种观念的核心。当然,它们同样构成了恋爱状态的核心。在新教教义留给浪漫主义的诸多历史遗产中,我们很容易在这一组合和路德所重视的一对概念之间找到一种对应关系,这对概念是尊奉和希望。两者都在服从和不确定之间建立了某种重要的连接,两者都不提供幸福,而只要求本真(authenticity)。

我勾勒的这种道德观也许不可能构成一种完整的道德,因为它没有或者甚少论及社会,因而对于作为一个整体的个人生活说得也不够多。就目前的情况而论,它甚至可能是基于一种幻觉。但是,"它存在并具有力量"这一事实本身,就要求任何认为"一般而言的幸福显然必须是道德关注的核心"的人做出某种回应。考虑到宗教道德的观念(就像在新教的极端例子中一样)非常不同于纯粹世俗的观念,那些人就同样也需要回应宗教道德。因为,即使假定它超验的主张是错误的,人类肯定也曾有过这样的梦想，而且，我们需要对"为什么这会成为他们梦想的内容"有一个理解。（在当代作为一种世俗的反宗教的运动，人文主义似乎很少充分承认它自身观点的一个非常直接的后果，亦即如此可怕的宗教竟是人类创造的。）事实上，人们确实在以下的事物中找到了价值：服从、信任、不确定、冒险，甚至绝望和痛苦，而且，这些价值根本无法与以幸福为核心的理想关联起来。如果我们为这些态度找到某些解释，也许是心理分析的解释，甚至在某些情况下是动物学的解释，并将这些态度视为我们要消除的反常状态，那么，可以肯定的是，我们在基于某种道德的视角改变世界，而不仅仅是让世界更好地回应无可置疑的道德事实。

"福祉"是我们讨论的起点，而我们在上面关心的是将它当作"幸福"。也许有人会说，即使某些道德观点拒绝将幸福作为核心观念，也仍然有一个更为宽广但有内容的福祉观念不会被它们拒绝。这是一个真问题，我不知道答案。一方面，在最极端的情况下，福祉概念似乎与"做个像样的人"相差不远，这时它就像个筐，

81 什么都可以往里装。另一方面，在刻画那些道德观的时候，我们谈到了人们事实上需要、想要或者发现有价值的东西。如果有人（隐晦地）说，人们需要这样一个世界，其中有冒险、不确定，以及绝望的可能，那么，与另一种想要世界尽量整洁和谐的道德相对立，一种强调这一点的道德仍然可被视为是关心人类福祉的。但仍然会有某个东西被"福祉"一词的用法排除在外，即那些丝毫不关心我们所理解的人类需要或者欲求的价值或规则系统。

第十章 功利主义

UTILITARIANISM

第十章 功利主义

在讨论是否任何道德观最终都必须关心人类幸福这一问题时,我并没有假定那个问题与"是否所有的道德观都必须是某种版本的功利主义"这个问题相同。如果我们把"功利主义"做最狭义的理解,这两个问题显然并不相同。在最狭窄的意义上,功利主义认为:只有一条道德原则,那就是,"应该追求最大多数人的最大幸福";"幸福"在这里的意思是快乐,以及痛苦的免除;因为这是唯一的道德原则,所以它适用于所有的个别情况(即"行为功利主义"[act-utilitarianism])。很明显,一种道德可以有各种各样的方式去最终关注人类的幸福而无须与功利主义的那种方式相同。但我也相信,即使把功利主义做更宽泛的理解,道德也可以用与之不同的方式去最终关注人类的幸福。

讨论这个议题的一个困难在于,人们对于

"功利主义"这个词能够被恰当地或者合理地扩展到多大的范围使用缺乏共识。这个词有时被用来涵盖那些与幸福或者快乐根本没有什么特别联系的道德观。在这个意义上,它被用来指称任何一种拥有如下看法的道德观:一个行动的对与错总是取决于这个行动的后果,取决于它导致内在地(intrinsically)或好或坏的事态的倾向。我并不准备在这里讨论这种广义的"功利主义"——用"后果主义"来称呼它或许更加合适。我感兴趣的只是那种把幸福当作唯一内在地好的事物,并认为所有的行动和社会安排都应该致力于实现幸福的[后果主义]观点。但是,这个限制仍然为各种不同种类的功利主义留下了很多空间。

空洞地讨论什么能够算作或不能算作可辨识的功利主义版本,纯属语词之争,没有什么意义。要处理这个问题,我们只能先问功利主义道德观的意图何在,并且,要发现功利主义道德观的意图,不能仅仅通过也不能主要通过参考边沁、密尔以及其他经典功利主义系统的倡导者的想法,而是要通过考察功利主义道德观对于

第十章 功利主义

道德思想的吸引力。我认为,功利主义的吸引力主要有四个——这不是要否认,这四个吸引力以值得进一步探究的方式彼此相互联系。第一,它是非超验的(non-transcendental),它不求助于人类生活以外的东西,尤其不求助于宗教考虑。因此,它特别有助于满足这样一个完全合理的要求,即道德在今天显然应该从基督教中解放出来。甚至,由于下面我会谈到的某种保守主义,它似乎有助于满足一个远没有那么合理的要求,即从基督教中解放出来的道德应该和之前依附于基督教的道德相同。事实上,尼采正确地发现,这个要求是愚蠢的。然而,在激进的倡议者那里,功利主义则许诺做出更多激进的变革。

第二,功利主义中最基本的益品,即幸福,似乎最少引人争议。不管人与人之间的差异有多大,他们肯定至少都想得到幸福,而且,无论付出其他什么代价,获得尽可能多的幸福肯定是一个合理的目标。此时,我们会遭遇一个众所周知的难题,亦即如何把"追求自己的幸福"这一无可争议的目标转换为"追求他人的幸福"这一更富有争议的目标。可怜的密尔因为（据说）试图通过演绎论证来完成这个转换而被批评者们反复攻击。我怀疑密尔是否真的曾试图这么做过，但是，这个问题无论如何都不是功利主义所独有的。没有理由认为功利主义比其他道德观更应该拥有一个神奇的方案来说服无道德者放弃自己的立场。重点反而是，如同在其他方面一样，在这个方面，功利主义是一种拥有最低承诺（minimum commitment）的道德。也就是说，只需给定处在道德世界的最低要求，亦即只需要给定一种考虑自己需求的同时也考虑到他人需求的意愿，功利主义道德便可由此起步。一个更为有趣的问题是，那个"无可争议"的幸福目标是否真的能服务于功利主义的目的。在上一章，我们已经看到一些理由来怀疑幸福是否必须被视为人生的目标。即使搁置那些问题，我们也完全不清楚，这样一个目标在其（大致）无可争议的意义上是否也可以为功利主义所用。这是关于功利主义的一个核心议题。当我们讨论了功利主义的第三和第四个吸引力的时候，我们将处于一个更有利

第十章 功利主义

的位置来处理它。

功利主义的第三个吸引人之处在于，道德议题原则上可以通过对后果的经验计算来解决。这使得道德思想成为经验性的，并且，在涉及公共政策的问题上，道德思想也成为社会科学问题。这一点一直都是功利主义最令人满意的特征之一。这并不是说计算很容易，甚至也不是说在很多实际情况下都可能进行计算。而是说，功利主义的魅力在于将道德难题的性质变得不再神秘。所有道德上的疑难都归于技术上的限制。

第四，功利主义给道德思想提供了一种通用货币（common currency）。不同人的不同关切，以及同一个人的不同种类的诉求都可以（在原则上）用幸福来兑换。这一设置有个重要的后果，它使得一种在其他道德观里广为人知的冲突——两个同样成立但不可调和的道德要求之间的冲突——变得不可能。在其他道德系统中，一个人可能遭遇这样的情境，身处其中，（在他看来）无论如何行动都会做错事。对于功利主义来说，这种情况是不可能的。那个人所察觉到的各种要求都可以用"最大幸福原则"（Great Happiness Principle）这一共同标准来衡量，除了"整体上最好或者不是最好的事情"之外，对于"正确或者错误的事情"并没有其他连贯的解释。如果两个行为的后果相同，那么，他做哪一个行为都是无所谓的。与此相悖，很多人都会有这样的想法：总的来说，某个行为确实是某个情境下的最佳选择，但选择这个行为仍然包含某种错误。我认为，这个想法最终肯定与功利主义不能相容。这也是我们说（这么说当然是对的）"对功利主义而言悲剧不可能存在"的原因之一，但它还有比这更为广泛或者更为深远的后果。

功利主义者也许能够后退一步，以包容这类想法。为此，他们可以借助诸如"人们对某些行为容易产生戒惧感（squeamish about）本身所产生的有益的社会后果，即使那些行为在相关情况下是最好的选择"这样的考虑。稍后我们会继续讨论这种论证。然而，作为一个功利主义者，他一定会将减少冲突，以及毫无剩余地消灭价值冲突的所有可能情况，视为道德思想的一个无可争议的普遍目标。在这里,就像在其他所有地方一样,他关心的是效率。冲突的产生是价值系统低效的一个标志,而功利主义有一种一般性的策略去消除和化解它们。但是,有些人也许会怀疑这种效率是否是一个无可争议的目标。一个人当然可以通过缩小他准备考虑的主张的范围来减少冲突,让生活变得更加容易。但在某些情况下,那并不是理性的胜利,而是胆怯的逃避,是拒绝看到真实存在的东西。(在这里,我们可能再次发问,已被解除了危险之后的主观主义是否真的把一切保持原状。)

因此,功利主义的第四个吸引人之处甚至可能引发重大争议。当有人考虑它预设了什么的时候,其他的困难也会大量显现。因为,只有蕴含在最大幸福原则中的"幸福"在某种意义上是可比较的,并且在某种意义上是可累加的(additive),我们才能够将最大幸福原则作为衡量所有人的诉求的共同标准。只有可以比较不同人以及不同后果中的幸福,并且将这些幸福累加起来成为某种"一般幸福"(General

Happiness），我们才能让最大幸福原则运转起来。在技术层面上，这些问题已经成为福利经济学和偏好理论（preference theory）等学科的关注对象。这些学科在十分造作的前提之下，并且只在为经济学理论而处理那些问题时才取得了一点成功。这里我们关心的是更加普遍的困难。如果蕴含在最大幸福原则中的"幸福"允许功利主义履行其第三和第四个承诺，那么，它是否也能成为第二个承诺中的无可争议的追求目标？

答案似乎只能是"否"。边沁曾提出过一种对于幸福的解释，认为幸福就是快乐和没有痛苦。这一解释很清楚地是要一次性兑现功利主义的所有许诺。但是，即使这一解释满足了可计算、可比较和可累加的条件（当然，它并没有满足），它也没能满足作为无可争议的目标这一条件：它看起来越像那种可以用加减计算的方式来处理的快乐，它就越不像是任何理性的人都明显会追求的东西。正是这一点让后来的密尔感到不安。而另一方面，如果幸福的概念被理解得足够宽泛，以至于包括任何可以被合理地当作令人满意的生活或生活元素而追求的事物，那么它就越不像那种可以符合第三和第四个条件的东西。撇开别的不谈，有一个困难在于，人们事实上算入幸福生活内容的东西本来就包含其他的价值，比如，完整性（integrity）、自发性、自由、爱或者艺术的自我表达。这些东西不仅不能以第三和第四个条件要求功利主义的"幸福"的那种方式去对待，而且，至少对于其中一些价值来说，认为它们可以被如此对待似乎本身就蕴含一个真实的矛盾。

这是功利主义所遭遇的第一个普遍困难。如果要维持住功利主义的意图的话，它的"幸福"必须满足某些条件。而"它应该是人类所渴望的无可争议的目标"这一条件同功利主义要求它必须满足的另一些条件相冲突。面对这一普遍困难，功利主义应对的方式之一就是去争辩，蕴含在更为棘手的幸福概念中的诸多价值是不理智的，或者可能是旧时代的残余。此类论证在推理的过程中可能包含一些有趣的观点，但归根到底，它们采取的却是一种无耻的循环策略:功利主义的理性概念成为判断何为幸福的标准,为的只是除掉对功利主义构成反驳的那种幸福概念。我们只需要不被它唬住,就可以在理论上轻松应对这种策略。

然而,这个问题并不局限于理论的层面,它还激烈地出现在社会层面。这时,不愿被唬住便可能是不充分的,或者难以执行的。在市政规划、环境保护、福利事业以及各类社会决策的事例中,一系列根据其可以转化的财力而(至少在理论上)可以被量化的价值,遭遇到在财力方面不可量化的价值,比如,保护城市中的古迹的价值,或者为老年科室的病患谋求尊重以及安慰的价值。这些价值的捍卫者一次又一次地面临困境:要么拒绝将相关价值量化,从而导致它从计算的总额中完全消失,要么试图给它附加上某个数值,从而曲解它的关注对象,并且通常也会就此输掉论辩,因为被量化的价值并不足以使价值的天平倾斜。在这些情况中,并不是功利主义者坚持认为其他那些价值不重要,也不是他们局限于认为只有目前可以进行成本-收益分析的东西才有价值。他们甚至不一定认为每一种社会价值都应该最终可以用类似成本-收益分析的方法去处理。他们可能会说，他们并不相信"幸福的通用货币就是金钱"这类观点。但是，他们所相信的观点在实践中确实会有这样的暗示：不存在最终不可通约的价值。这一假定会偏袒可以用金钱量化的价值，而其他的价值则被迫陷入一种我们刚刚谈到的令人遗憾的困境。而这不是功利主义道德观的一个偶然特征。这不是一种偶然，（首先）因为功利主义本来就是为这样一种社会而设计的价值系统，在其中，经济价值拥有至高无上的地位。其次还因为，在理论层面，用金钱量化是功利主义所坚持的价值可通约性的唯一的明显形式。

如何使更大范围的社会价值变得可以通约，目前对这方面技术加以研究的呼声很高。然而，其实应该把一部分努力用于学习，也许是再次学习，如何明智地思考不可通约的价值冲突。

这些一直都是在满足功利主义对"幸福"提出的诸多条件时所遭遇到的困难。当然，存在这些困难这一事实本身并不意味着，我们不可能在任何一个或者一种具体的事例中得出功利主义的解决方案，也不意味着我们不可能知道功利主义者会认为何种事物有价值。如果这一推论真的成立的话，事情就不对了，因为，很明显，我们有时可以做这些事。也就是说，在讨论功利主义的时候，我们在讨论某个真实存在的东西，并且这个东西经常很容易辨认。因此，让我们承认，至少在某些情况中，我们确实知道"推算出能够导致整体最大幸福的行为"是什么意思。承认这一点之后，我们现在会遇到两个新的困难：第一，推算这种结果的过程本身就是一种活动，这一活动本身在各种不同的环境中会产生不同程度的效用（utility），并且这些效用必须被计入最后的总额。另一个困难是，在某个具体事例中，经过效用计算所得到的答案在某些情况下似乎是在道德上错误的答案。存在一种名为"规则功利主义"（rule-utilitarianism）的功利主义版本，其目的就是要利用同一种策略来一次性地解决这两个困难。

  第一个问题是，任何真实的效用计算都会在非常不确定以及拥有不充分信息的条件下进行，因此，它的结果可能是不可靠的。此外，计算这一活动本身会耗费时间，而且，在每一个事例中都要做计算的性情倾向会产生某些心理特征，这些特征事实上可能妨碍某些有利于产生效用的品质，比如果断行事。既然如此，有人认为，更好的结果可能来自对惯例的遵从，亦即，不是行动者对每一个行动选择都进行计算，而是他们遵守某些通常不经计算就应用于具体事例中的规则。最大幸福原则所要评价的是对这些规则的采纳，而不是具体行动的选择。

　　同样的想法也被用来解释另一个会产生困难的事实。我们很容易构造出一些例子，其中，功利主义的结论似乎与很多人认为的道德上正确的选择相冲突。比如，给一个无辜的人定罪是避免重大伤害的充分必要条件。在这个例子中，功利主义的结论与正义的要求相冲突，与此类似，信守承诺和讲真话在行为功利主义的诠释下同样会出现困难。而规则功利主义者声称，我们只需要表明，正义、信守承诺或者讲真话的规则或惯例比其他的选项拥有更多正效用，就有希望化解这些困难。

以上只是一个梗概。"规则功利主义"这个词可以涵盖很多有重要差异的东西，它们需要分开来讨论。[1] 我在这里所要做的只是指出一两个论点，用以表明功利主义者在规则的方向能够前后一贯地走多远，并试图论证，他要么走得不够远以至于无法解决第二个困难，要么走得太远以至于他（和其他所有人一样）不再是一个功利主义者。

对于一个功利主义者来说，采纳一个普遍的惯例来处理特定的一类事例当然是可能的，即便那个惯例的某些具体应用会产生与单个计算那些事例所得出的不同的结果。这种情况的范例便是很多公共事业的会计系统。这类系统偶尔会寄出数额很小的账单，即使寄出每一笔账单的费用比账单上的数额更高。问题在于，在到期时寄出所有账单而不论数额有多小，事实上比打断邮寄的进程而甄别出一些数额极小的账单的花费更少。让我们把这类现象称为

---

[1] 对相关议题的一个详细而精妙的论述，参见大卫·里昂斯（David Lyons）的重要著作《功利主义诸形式及其局限》（*The Forms and Limits of Utilitarianism*, Oxford: Clarendon Press, 1969）。

"煤气账单模型"（gas bill model）。

这里，煤气账单模型涉及的是实际后果：一方面是仅仅应用一个规则的实际后果，另一方面则是做出一次特定干涉的实际后果。这类模型至少无法使一个自洽的功利主义者接受如下的论证形式：这种论证既不征引某一次具体选择的实际后果，又不征引普遍遵守某个规则的实际后果，而是求助于在想象中遵守某个规则的假设的后果。因此，我们所熟悉的道德论证模式，即"如果所有人都那么做会怎么样？"，无法对一个自洽的功利主义者产生任何影响，除非他的行动真的具有让所有人都效仿的功能，而这通常是很不合理的假设。和纯粹想象出来的人的幸福或者不幸一样，一种纯粹想象的后果同样不能被包括进效用计算之中。所以，煤气账单模型本身无法把我们带向那种普遍化的论证模式。

如果功利主义者想要为使用涉及想象的后果的普遍化论证进行辩护，他就必须离具体选择的实际后果更远一步，转而考虑"人们思考想象的后果"这一做法本身的实际后果。可是，现在他似乎距离功利主义最初的优势越来越远。因为首先，相较于对具体事例的计算，或者相较于对更为具体的规则所产生的后果的计算，抑或相较于对持续关注既有的道德或者很多其他的可能性所产生的效用的计算，计算人们思考想象的后果所产生的效用，开始看起来越来越像是在虚张声势。他怎么会知道这些不同的实践各自都会有什么样的后果？其次，至少他确实知道一件事，那就是，效用计算所附加其上的条款越宽泛，就会有越多这样的事例出现：在这些事例中，单独进行效用计算将会产生与遵守规则不同的结果。因此，在追求整体战略上的效用时，他会允许更多策略上的负效用（disutility）。鉴于对其整体效用的怀疑，这一点应该会令他担忧：毕竟，功利主义的动机之一就是要保持头脑冷静，要按照可计算的后果去思考，而不只是依赖传统或者已被承认的惯例行事。

　　一个人对规则功利主义思考得越多，上面的论点就会变得越紧迫。再次回到煤气账单模型，让我们回忆一下，主要是干涉始终如一的做法所要付出的代价使得继续保持原来的做法成为明智的选择。这一点对应到日常的道德审思就是，计算具体后果所带来的负效用。但是，如果我们考虑这样一个例子，其中，具体的计算已经做过了，那么，那个论证的效力就被取消了。在那些能够引起人们道德上的不安，并且为规则功利主义提出第二个困难的事例中，情况便是如此。如果已经做过了计算，而且发现打破规则的后果比遵守规则要好，那么当然没有什么关于计算的负效用的考虑能够推翻那个计算结果。事实上，对于一个自洽的功利主义者来说，很难有任何事情能够推翻那个结果。无论拥有某个规则的一般效用是什么，一旦一个人实际上已经看到，在某个情境中打破规则的效用比遵守规则要多，那么，不去打破规则当然就是纯粹的不理性。

事实上，一些坚定的功利主义者，比如斯马特（J. J. C. Smart），已经得出了这种结论。如果功利主义可以实行，我确信，他们对于这个问题的态度肯定是正确的：功利主义是一种特殊的学说，并不必然在各个方面都与当代西方的道德观念一致，我们必须预见到，它会产生似乎很难让人接受的结论。与此相反，更为晚近的功利主义的一个特征是，它出人意料地墨守成规。边沁和密尔将最大幸福原则作为批判的工具，并认为借助这个工具，他们可以表明，很多维多利亚时代的道德信念都是错误的和不理性的。事实也正是如此。然而，除了确立已久的在性和刑罚领域的改革之外（这些改革本身就是从边沁和密尔那里继承而来），当代的功利主义理论家把更多的精力花费在调和功利主义与现有的道德观念之间的矛盾之上，而不是借助功利主义来拒斥那些观念。例如，最近有一位作者大费周章地试图证明，与看起来相反，公开行刑这一做法无法得到功利主义的辩护。他留下了一些坦率的疑惑，但是，这些疑惑是关于功利主义的应用及其表述方式的，与"公开行刑是否应该被重新引入"这一问题无关，而后者才是应该被关注的问题。这是一个荒谬的事例。然而，更为普遍地，人们拥有很多不适用于功利主义分析却值得珍惜的品质，比如，不肯妥协的对正义的渴望、某种类型的勇敢、自发性,以及像"拒绝拿年迈的病人做有用的实验"或者"拒绝为了保证更多数人的安全而使用凝固汽油弹袭击一小部分人"这样的性情倾向。这些品质常常促使功利主义理论家尝试去调和它们所代表的价值与功利主义之间的矛盾,而不是将那些价值谴责为前功利主义时代所留下来的不理性的遗产。即使那些尝试成功了,毫无疑问,这也只是对功利主义者的正直和想象力的褒奖,而不是对他们的自洽或者对他们的功利主义本身的褒奖。

规则功利主义所做的工作是,既要尝试去坚持功利主义所独有的东西,又要清除它有悖于常理的部分。在我看来,这一工作是失败的。规则功利主义所开辟的中间地带在逻辑上并不稳固。与此相反,我们可以追随斯马特以及其他一些人的思路,选择仅在煤气账单模型可辨认的界限之内对行为功利主义做出修正。这样做至少可以与功利主义的误入歧途的目标相一致。但如此一来,不足为奇,它也会产生一些独特的并且(让很多人)难以接受的结论。另一方面,如果你放弃这片行为功利主义的领地,并开始将功利主义原则应用于越来越普遍的实践和思考习惯,那么,你提出的主张根本不太可能拥有任何功利主义所独有的内容。

有一个简短的论证可以表明,一旦脱离其基本的层面,功利主义就会拥有毁灭自身的力量。我也将以此结尾。这一论证的诸多经验预设也许并不是确定无疑的,但是,可以肯定的是,它们至少和功利主义者在这些问题上所普遍使用的预设同样合理。

如果人们都成为积极而自觉的功利主义者,这会带来一个令人不安的影响,那就是,道德货币(moral currency)会贬值。[1] 这是因为格雷欣法则(Gresham's Law)[2]在发挥作用:坏人的坏行为所激发好人做出的行为,在更有利的环境中,也是坏的。原因很简单:要获得辩护,

---

[1] 也就是说,整个社会的道德标准会被拉低。——译者注
[2] 格雷欣法则是一条经济法则,指的是在双本位货币制度下,两种货币同时流通时,如果其中一种货币发生贬值,其实际价值低于另一种货币的价值,那么,实际价值较高的货币会被逐渐收藏起来,逐步从市场中消失,最终被驱逐出流通领域。而实际价值较低的货币则在市场上泛滥成灾。因此,格雷欣法则又可以简单地表述为"劣币驱逐良币"。——译者注

第十章 功利主义

一个功利主义者必须总是选择去做最不坏的事情，用以避免在相关环境中最坏的结果（当然，最坏的结果包括另外一个人可能做的最坏的事），他因此而得到辩护的行为本身常常是相当恶劣的。先发制人的行动内嵌在功利主义的理念之中，同样，某些消极责任（即你不光要对你自己的行为负有责任，对你没能阻止的行为你也有责任）也是它的特征。鉴于此，可以预见的是，在经验世界中，先发制人的行动可能会逐步升级。然而，根据功利主义的标准本身，这一切的全部后果将比压根儿就没有功利主义的后果更糟糕。

然而，沉浸于这一［先发制人的］系统中的功利主义者对此却无能为力。他必须按照实际后果来思考，并且现在并没有什么遵守原则的姿态可以对实际后果的领域有所影响（至少不会有什么有帮助的影响）。这意味着，他无法从他现在所处的位置向道德高地迈进。但是，他可以在反思中退一步想，比起在一个夹杂着恶棍与功利主义者的世界中，功利主义的目标如何可能更好地实现呢？毫无疑问，如果从来就没有过恶棍存在，那些目标就会更好地实现。但那样的世界当然是乌托邦。更有希望的是这样一种事态，其中，有足够多的人会抵制继续堕落。也就是说，不管其他人怎么做或者可能怎么做，他们都要抵制一些事情。对于那些事情，他们根本无法考虑去做，或者无法让自己去做，抑或无法忍受别人去做。这样，对于他们先发制人的行动就存在一种限制。似乎，足够多的人在足够多的时间里都必须准备坚持不懈地去做各种各样的事情，而不管其后果如何。这意味着，有足够多的人在足够的时间里不必像功利主义者那样思考。实际上，他们必须像非功利主义者那样思考。他们也无法既在内心深处保留着功利主义的基本原理，而同时又在道德上意志坚定。因为他们必须能够在最艰难的处境中抵制住功利主义的诱惑，在那种环境中，抵制功利主义会带来很多明显的害处。因此，他们的非功利主义倾向必须是根深蒂固的。

虽然可能不是完全出于上述这些理由，一些功利主义者也得出了与此类似的结论。在他们看来，这一结论表明，功利主义所传达的真理只能让负责任的社会精英知道，而不应该在社会大众中传播得太广泛。无论是在个人层面还是在社会层面，这样一个提议都是注定要失败的。在个人层面，如果真的有这样的人的话，只有一个极其单纯的人（西季威克可能就是这么一个人），才能真诚地持有反思的功利主义者所要拥有的心理状态及其所包含的对待他人的态度。可是，在我们这个时代，没有哪个具有反思能力的人能够如此单纯。在社会层面，为了具体实现那样的倡议，教育以及其他制度都必须非常不同于我们现在所能期望或者容忍的任何制度，而且，功利主义自己都不会想要那样的制度。

如果所有这些都是正确的，在反思的功利主义者必须最终选定为最可能产生他想要的结果的世界里，格雷欣法则会遭到挫败，这是因为有足够多的人在足够多的时间里深深地倾向于反对用功利主义的方式思考。这种性情倾向不可能与对功利主义的信奉共存。同样不可接受或者不可能在社会层面出现的是，多数人应该拥有非功利主义的性情倾向，而其他一少部分人，即功利主义精英，应该相信功利主义。最终只剩下这样一种可能性：在能够满足功利主义者的期望的世界里，并不存在对于功利主义这一整套学说的信奉，其或许只能作为一种无足轻重的怪癖而存在。

因此，如果功利主义是对的，并且一些相当合理的经验命题也是对的，那么，更好的结果是，人们不应该相信功利主义。另一方面，如果功利主义是错的，更好的结果当然还是，人们不应该相信功利主义。所以，无论如何人们都不应该相信功利主义。

图书在版编目（CIP）数据

道德：伦理学导论／（英）伯纳德·威廉斯著；魏犇群译. -- 上海：上海文艺出版社，2024. --（伯纳德·威廉斯著作集）. -- ISBN 978-7-5321-9047-8

Ⅰ．B82

中国国家版本馆CIP数据核字第20247Q1K42号

发 行 人：毕　胜
责任编辑：肖海鸥
封面设计：周安迪
内文制作：常　亭

书　　名：道德：伦理学导论
作　　者：[英] 伯纳德·威廉斯
译　　者：魏犇群
出　　版：上海世纪出版集团　上海文艺出版社
地　　址：上海市闵行区号景路159弄A座2楼 201101
发　　行：上海文艺出版社发行中心
　　　　　上海市闵行区号景路159弄A座2楼206室 201101 www.ewen.co
印　　刷：苏州市越洋印刷有限公司
开　　本：1240×890　1/32
印　　张：5.5
插　　页：5
字　　数：73,000
印　　次：2024年6月第1版　2024年6月第1次印刷
ＩＳＢＮ：978-7-5321-9047-8/B.107
定　　价：58.00元
告　读　者：如发现本书有质量问题请与印刷厂质量科联系　T: 0512-68180628

This is a Simplified Chinese edition of the following title published by Cambridge University Press:

MORALITY: AN INTRODUCTION TO ETHICS by Bernard Williams
ISBN 9781107604766
© Cambridge University Press 1976

This Simplified Chinese edition for the People's Republic of China (excluding Hong Kong, Macau and Taiwan) is published by arrangement with the Press Syndicate of the University of Cambridge, Cambridge, United Kingdom.

© Shanghai Literature & Art Publishing House 2024

This Simplified Chinese edition is authorized for sale in the People's Republic of China (excluding Hong Kong, Macau and Taiwan) only. Unauthorized export of this Simplified Chinese edition is a violation of the Copyright Act. No part of this publication may be reproduced or distributed by any means, or stored in a database or retrieval system, without the prior written permission of Cambridge University Press and Shanghai Literature & Art Publishing House.

Copies of this book sold without a Cambridge University Presssticker on the cover are unauthorized and illegal.

本书封面贴有 Cambridge University Press 防伪标签，无标签者不得销售。

著作权合同登记图字：09-2024-0377